झारखंड GK

टीम

प्रभात प्रकाशन

प्रभात पेपरबैक्स
www.prabhatbooks.com

झारखंड के वरिष्ठ प्रशासनिक अधिकारी डॉ. मनीष रंजनजी की पुस्तक 'झारखंड सामान्य ज्ञान' का विशेष साभार।

प्रकाशक

प्रभात पेपरबैक्स

प्रभात प्रकाशन प्रा. लि. का उपक्रम

4/19 आसफ अली रोड, नई दिल्ली–110002

फोन : 23289777 • हेल्पलाइन नं. : 7827007777

इ–मेल : prabhatbooks@gmail.com ❖ वेब ठिकाना : www.prabhatbooks.com

संस्करण

2022

मूल्य

दो सौ पच्चीस रुपए

अ.मा.पु.स. 978-93-5266-353-8

मुद्रक

संजय प्रिंटर्स, साहिबाबाद

JHARKHAND GK
Team Prabhat Prakashan

ISBN 978-93-5266-353-8

₹225.00

प्रतियोगी परीक्षाओं में भाग ले
रहे झारखंड राज्य के सभी
परीक्षार्थियों को,
जो अपनी-अपनी प्रतिभा और असीम
ऊर्जा से राज्य को विकास के
शिखर पर ले जाना चाहते हैं।

अनुक्रम

झारखंड GK

1. पाल शासकों के समय बौद्ध धर्म का कौन सा संप्रदाय झारखंड में फल-फूल रहा था? —व्रजयान
2. कंपनी सरकार के विरुद्ध 1818 में किस जनजाति समाज ने विद्रोह किया था? —हो
3. झारखंड में पहली जनगणना किस वर्ष हुई थी? —1872
4. स्वतंत्रता आंदोलन के दौरान किस जनजातीय नेता ने 1929 में किसान सभा का गठन किया था? —ठेबले उराँव
5. झारखंड में किस क्रम की चट्टानों का अभाव है? —कडप्पा क्रम
6. उत्तरी छोटानागपुर प्रमंडल का मुख्यालय कहाँ है? —हजारीबाग
7. किस जिले में सर्वाधिक अनुसूचित जाति के व्यक्ति निवास करते हैं? —पलामू
8. मंझाइन लोकगीत किस अवसर पर महिलाओं द्वारा गाया जाता है? —जन्म
9. साहित्य अकादमी से पुरस्कृत पुस्तक 'मुंडारी टुड कोठारी' के लेखक कौन हैं? —मनमसीह मुंडू
10. झारखंड में पाई जानेवाली कौन सी मिट्टी कृषि के दृष्टिकोण से अच्छी नहीं होती? —लैटेराइट मिट्टी
11. मसाले की खेती झारखंड के किस जिले में सर्वाधिक की जाती है? —पलामू
12. गौतम बुद्ध अभयारण्य किस जिले में है? —कोडरमा
13. बिरसा भगवान् जैविक उद्यान कहाँ है? —राँची

14. झारखंड में कितने प्रतिशत खनिज भंडार संचित हैं? —73
15. झारखंड में निजी क्षेत्र में पहला लौह इस्पात उद्योग कहाँ स्थापित है? —जमशेदपुर
16. 1592 ई. में राजा मानसिंह ने राजमहल (साहेबगंज जिला, संथाल परगना) को बंगाल की राजधानी बनाया। राजा मान सिंह ने परकोटा और महल वाले नगर का क्या नाम रखा? —अकबर नगर
17. मुंडा उलगुलान (मुंडा महाविद्रोह) का दमन किसने किया? —कमिश्नर फारबेस/डिप्टी कमिश्नर स्ट्रीटफील्ड
18. जयपाल सिंह का मूल नाम क्या था? —वेनंद पाहन
19. बेतला राष्ट्रीय अभयारण्य को किस वर्ष प्रोजेक्ट टाईगर के तहत सुरक्षित क्षेत्र घोषित किया गया था? —1974 ई.
20. झारखंड राज्य की 14 लोकसभा सीटों में कितनी अनुसूचित जनजाति हेतु आरक्षित हैं? —5
21. जनगणना 2011 के अनुसार झारखंड की जनसंख्या भारत की कुल जनसंख्या का कितना प्रतिशत है? —2.72 प्रतिशत
22. दिसंबर 2004 से जुलाई 2009 तक झारखंड में सबसे लंबे समय तक पद पर बने रहनेवाले राज्यपाल कौन थे? —सैयद सिब्ते रजी
23. झारखंड में अबरख की खान कहाँ पाई जाती है? —कोडरमा
24. चेरो विद्रोह कब हुआ था? —1800–1819
25. गोपाल राय किस विद्रोह से संबंधित थे? —चेरो विद्रोह
26. झारखंड टूरिस्ट होम स्टे स्कीम की शुरुआत कब हुई थी? —2009
27. राजमहल ट्रेप किन चट्टान से निर्मित है? —बेसाल्ट
28. किस वर्ष बिहार प्रांत को बंगाल से अलग किया गया था? —1912
29. 1916 के समय छोटानागपुर में कितने इंकबर्ड स्टेट थे? —35
30. संथाल हुल (विद्रोह) के नेता कौन थे? —सिद्धू-कान्हू-चाँद-भैरव
31. नतुउ नृत्य किसके द्वारा किया जाता है? —पुरुष के द्वारा
32. छोटानागपुर संथाल परगना आदिवासी सभा (1938 ई.) के संस्थापक कौन थे? —थियोडोर सुरीन

33. सरदारी आंदोलन के दौरान 1881 ई. में किस ईसाई नेता ने छोटानागपुर को मुंडाओं का देश घोषित करते हुए नागवंशियों की पुरानी राजधानी ढोईसागढ़ में झंडा फहराया था? —जॉन वेपहिस्ट
34. झारखंड का पहला मुख्यमंत्री कौन था? —बाबूलाल मरांडी
35. उराँव (कुडुख), कोरमा तथा पहाड़िया (माल्टो) किस भाषा परिवार की हैं? —द्रविड़ भाषा परिवार की
36. एक नन-रेगुलेशन प्रांत के रूप में दक्षिणी पश्चिमी सीमांत एजेंसी (South-Western Frontier Agency-SWFA) का गठन कब किया गया? —1834 ई. में
37. किस वैष्णव संत ने 16वीं सदी के आरंभ में पंच परगना क्षेत्र में कुछ दिनों तक रुककर जनजातियों के बीच अपने मत का प्रचार किया? —चैतन्य महाप्रभु
38. तोपचांची अभयारण्य झारखंड के किस जिले में स्थित है? —धनबाद
39. छोटानागपुर काश्तकारी अधिनियम कब पारित किया गया था? —11 नवंबर, 1908 ई.
40. दीवानी कानून संहिता किस वर्ष लागू किया गया? —1859 ई.
41. युल रूल, 1856 झारखंड के निम्नलिखित में से किस क्षेत्र के लिए लागू किया गया था? —संथाल परगना
42. झारखंड पार्टी (1950) के संस्थापक कौन थे? —जयपाल सिंह
43. बारह हजारी और तेरह हजारी किस जनजाति का अंतर्विवाही समूह है? —चेरो
44. दक्षिणी-पश्चिमी सीमांत एजेंसी (South Western Frontier Agency SWFA) के प्रथम ए.जी.जी. (Agent to Governor General) के रूप में किसे नियुक्त किया गया? —विल्किंसन
45. संथाली लिपि 'ओलचिकी' के आविष्कारक कौन हैं? —रघुनाथ मुर्मू
46. किस स्थल पर प्रागैतिहासिक काल के दुर्लभ चित्र एवं प्राकृतिक गुफाएँ प्राप्त हुई हैं? —भवनाथपुर (गढ़वा)
47. जैन धर्म के किस शास्त्र को वेद में सम्मिलित किया गया है? —आगमशास्त्र

48. झारखंड लोक सेवा आयोग के 2016 के अध्यक्ष कौन हैं ? —डी.के. श्रीवास्तव

49. चेरो विद्रोह के किस चेरा नेता को फाँसी दे दी गई थी ? —भूषण सिंह

50. अनुसूचित जाति जनसंख्या की दृष्टि से झारखंड का स्थान क्या है ? —14वाँ

51. स्वतंत्रता सेनानी रामनारायण सिंह ने 1955 में पहली बार झारखंड राज्य के लिए किसके पास ज्ञापन सौंपा था ? —राष्ट्रपति

52. किसके समय में इचाक रामगढ़ राज्य की राजधानी बना ? —तेज सिंह

53. कंपनी सरकार के विरुद्ध सर्वप्रथम किस वर्ष भूमिज विद्रोह हुआ था ? —1769 ई.

54. बंगाल निष्कासन के बाद मौलाना आजाद 1916 से 1920 तक कहाँ रहे थे ? —राँची

55. अखिल भारतीय आदिवासी विकास परिषद् (1968 ई.) की स्थापना किसने की ? —कार्तिक उराँव

56. लिल्लोरी स्थान मंदिर किस देवी या देवता को समर्पित है ? —काली

57. ब्रिटिश द्वारा तिलका माँझी को किस सन् में फाँसी दी गई थी ? —1785 ई.

58. गोल्डन लीग नामक संस्था, जो विदेशी वस्तुओं के बहिष्कार एवं स्वदेशी आंदोलन के लिए काम करती थी, की स्थापना कहाँ की गई ? —देवघर

59. झारखंड में 2011 में आयोजित 34वें राष्ट्रीय खेल के दौरान किसने खेल मशाल जलाई ? —दीपिका कुमारी

60. किस त्योहार में 9 दिन उपवास के बाद 10वें दिन उपासक जलते कोयले पर नंगे पाँव चलते हैं ? —मंडा

61. सविनय अवज्ञा आंदोलन के दौरान गिरफ्तार स्वतंत्रता सेनानी मोपना माँझी और केतन महतो की मौत कहाँ हुई थी ? —पटना कैंप जेल

62. जनसंख्या की दृष्टि से कौन सी जनजाति सर्वाधिक है ? —संथाल

63. भारतीय संविधान के किस अनुच्छेद के तहत लोकसभा में अनुसूचित जाति एवं अनुसूचित जनजातियों के लिए स्थानों का आरक्षण किया गया है ? —330

64. जादू पेटिया झारखंड के किस जनजाति की चित्रकला शैली है ?—संथाल

65. गुमला और लोहरदगा की खदानों में से कौन सा खनिज हिंडाल्को इंडस्ट्रीज लिमिटेड की विभिन्न इकाइयों को भेजा जाता है? —बॉक्साइट
66. मुख्यमंत्री दाल-भात योजना के तहत प्रति प्लेट कितने रुपए की दर पर भोजन मुहैया कराया जाता था। —5
67. 'डस्ट स्टॉर्म ऐंड हैंगिंग मिस्ट : ए स्टडी ऑफ बिरसा मुंडा ऐंड हिज मूवमेंट इन छोटानागपुर' के रचनाकार कौन हैं? —कुमार सुरेश सिंह
68. बौद्धकालीन भद्रकाली मंदिर कहाँ है? —चतरा
69. मध्य प्लीस्टोसीन काल को मानवों का उद्‌भव काल माना जाता है। यह कितने लाख वर्ष पूर्व हुआ था? —10
70. मुगल सूबेदार मानसिंह ने किस क्षेत्र में अपनी राजधानी बनाई थी? —राजमहल
71. सन् 1857 का विद्रोह सर्वप्रथम किस जिले से शुरू हुआ था? —देवघर
72. स्वणरिखा नदी परियोजना की शुरुआत कब हुई? —1982-83
73. पालकोट आश्रयणी किस जिले में स्थित है? —गुमला
74. 1771 में संथाल जनजातीय क्षेत्र में किसने जमींदारों और ब्रिटिश सरकार के विरुद्ध प्रथम विद्रोह का नेतृत्व किया था? —तिलका माँझी
75. कैथोलिक ईसाई आदिवासियों ने किस संस्था की स्थापना 1934 में की थी? —छोटानागपुर कैथोलिक सभा
76. मुगल बादशाह औरंगजेब किस राज को अपने साम्राज्य में सम्मिलित नहीं कर सका था? —सिंह राज
77. किस अनुसूचित जाति में साक्षरता दर सबसे अधिक है? —धोबी
78. राज्य की सबसे प्रदूषित नदी कौन सी है? —दामोदर
79. मलिक मोहम्मद जायसी के किस ग्रंथ में झारखंड शब्द का उल्लेख मिलता है? —पद्‌मावत
80. माँझी शासन व्यवस्था में गाँव के धार्मिक प्रधान को क्या कहते हैं? —नायके
81. झारखंड में राष्ट्रीय राजमार्गों की कुल लंबाई कितनी है?—1960 कि.मी.
82. 'डोकलो शोहोर' शासन व्यवस्था में पाहन को अन्य किस नाम से जाना जाता है? —कालो

83. बरात जाने के बाद महिलाएँ लोक नाट्य का खेल खेलती हैं। उस लोक नाट्य का नाम क्या है? —डमकच
84. पशुओं के सम्मान में मनाया जानेवाला त्योहार कौन सा है? —सोहराय
85. देश के कुल संचित भंडार में झारखंड में कोयला के भंडार का प्रतिशत क्या है? —36
86. टाना भगत किस वर्ष अपनी माँग गांधीजी के नेतृत्व में कांग्रेस के मंच से उठाने के लिए राजी हुए थे? —1920 में
87. मुगल सम्राट् अकबर ने मानसिंह को सूबेदार बनाकर किस वर्ष झारखंड भेजा था? —1589
88. राजा जयसिंह, जिन्होंने खुद को 13वीं सदी में झारखंड का शासक घोषित कर दिया था, वे किस राज्य के थे? —उड़ीसा
89. दामोदर नदी का उद्‍गम किस पठार से होता है?—छोटानागपुर का पठार
90. हर्षवर्द्धन (606-47 ई.) के विस्तृत साम्राज्य में कौन सा छोटा राज्य शामिल था? —काजाँगल
91. भारतीय कप्तान महेंद्र सिंह धोनी को सेना के द्वारा किस उपाधि से विभूषित किया गया? —मानद ले. कर्नल की उपाधि
92. पद्‍मश्री सम्मान से सम्मानित झारखंड के प्रथम आदिवासी का क्या नाम है? —जुएल लकड़ा
93. तसर उत्पादन में झारखंड का देश में कौन सा स्थान है? —पहला
94. झारखंड में कौन सा परमाणु खनिज पाया जाता है? —थोरियम
95. किस अनुसूचित जाति में साक्षरता दर सबसे कम है? —भुइयाँ
96. किस मगध सम्राट् ने इटखोरी में बौद्ध स्थलों का निर्माण करवाया था? —महेंद्रपाल
97. 12 अक्तूबर, 2000 को केंद्रीय सरकार ने किस तिथि से झारखंड राज्य के लिए अधिसूचना जारी की थी? —15 नवंबर, 2000 से
98. शिशु मृत्यु दर का प्रतिशत क्या है? —92
99. उड़ीसा के किस शासक ने झारखंड के कुछ भाग पर कब्जा कर कुछ वर्षों के लिए अपना शासन स्थापित किया? —कपिलेंद्र गजपति
100. टाना भगत आंदोलन की शुरुआत किसने की? —जतरा उराँव

101. झारखंड राज्य की कुल जनसंख्या 32,988,134 है, जो भारत की कुल जनसंख्या का कितना प्रतिशत होगा? —2.72 प्रतिशत
102. झूमर, पाइका, नटुआ तथा अग्नि सभी किसके प्रकार हैं? —नृत्यों के
103. झारखंड में भारतीय हॉकी टीम से संबंधित किस खिलाड़ी ने राष्ट्रमंडल खेल 2010 में जीत हासिल की थी? —अशुंता लकड़ा
104. झारखंड में सबसे ऊँचा जलप्रपात क्या है? —लोध जलप्रपात
105. किस स्वतंत्रता सेनानी को अंग्रेजों ने 3 मार्च, 1900 को चक्रधरपुर के जमकोपाई जंगल में सोते हुए गिरफ्तार किया था? —बिरसा मुंडा
106. केंद्रीय खनन एवं ईंधन अनुसंधान संस्थान झारखंड में कहाँ स्थित हैं? —धनबाद
107. कौन से त्योहार को झारखंड में बीज बोने के त्योहार के रूप में जाना जाता है? —श्रोहिन
108. गोड्डा, देवघर, दुमका जिले झारखंड के कौन से प्रमंडल के भाग हैं? —संथाल परगना
109. झारखंड में कितने जिले हैं? —24
110. 'तिलैया डैम' किस नदी पर स्थित है? —बराकर
111. किरिंग बापला किस आदिवासी से संबंधित है? —संथाल
112. झारखंड के विश्व विजेता बननेवाले झारखंड के प्रथम शतरंज खिलाड़ी का क्या नाम है? —दीप सेन गुप्ता
113. लांस नायक अल्बर्ट एक्का को किस वर्ष के भारत-पाक युद्ध में वीरगति मिली? —1971
114. 'ओ अजन्मा सुनो' (काव्य) के रचनाकार कौन हैं? —वचनदेव कुमार
115. जी. ई.एल.चर्च/क्राइस्ट चर्च (1855 ई. में स्थापित) कहाँ है? —राँची
116. झारखंड का न्यूनतम नगरीय जनसंख्या वाला जिला कौन सा है? —गोड्डा
117. कोनार जल विद्युत् केंद्र किस जिले में स्थित है? —हजारीबाग
118. हुंडरू जलप्रपात किस नदी पर स्थित है? —स्वर्ण रेखा
119. किसने 1917 में राँची में अंजुमन इस्लामिया एवं मदरसा इसलामिया की नींव रखी? —अबुल कलाम आजाद

120. खडगडीहा राज्य (15 वीं सदी ई. में स्थापित) के संस्थापक का क्या नाम था? —हंसराज देव
121. टंगस्टन किस वर्ग का खनिज है? —धात्विक
122. झारखंड में सबसे कम जनसंख्या वाला जिला कौन है? —लोहरदगा
123. झारखंड में कितने सदन हैं? —1
124. राठौर राजपूतों ने सिंहभूम में राजवंश की स्थापना कब की थी? —693 ई.
125. हिंदू कैलेंडर के अनुसार सरहुल कब मनाया जाता है? —चैत
126. ठाकुर विश्वनाथ सहदेव को किस वृक्ष पर लटकाकर फाँसी दे दी गई थी? —कदम वृक्ष
127. किस स्थान पर अंग्रेजों ने जालियाँवाला बाग की तर्ज पर गोलियाँ बरसाई थीं? —डोंबरी पहाड़
128. झारखंड राज्य के लोगो (LOGO) में कितने 'जे' का प्रयोग किया गया है? —4
129. मलेर किससे संबंधित है? —सौरिया पहाड़िया
130. खानदेश के किस शासक को इतिहासकारों ने 'झारखंडी सुल्तान' की उपाधि दी है? —आदिलशाह द्वितीय
131. देश का सबसे बड़ा अर्थेन डैम कौन सा है? —तेनुघाट (बोकारो)
132. बारह वर्ष में एक बार मनाया जानेवाला त्योहार कौन सा है? —जनी शिकार एवं देशाउली
133. खड़िया जाति के अखिल भारतीय सभा को क्या कहते हैं? —डोकलो
134. जनसंख्या की दृष्टि से झारखंड का सर्वाधिक बड़ा जिला कौन सा है? —राँची
135. बोकारो स्टील प्लांट की स्थापना किस देश के सहयोग से की गई? —सोवियत रूस
136. झारखंड राज्य का आकार किसके समान है? —चतुर्भुज
137. सिमको हत्याकांड (सिमको में आयोजित जनसभा पर पुलिस द्वारा गोली चलाए जाने से 65 आदिवासियों की मौत) कब हुआ? —1939 ई.
138. मुंडा उलगुलान का तात्कालिक कारण क्या था? —1894 का वन सुरक्षा कानून

139. राज्य में रेलमार्ग की लंबाई कितनी है? —1955 कि.मी.

140. टैगोर हिल किस प्रसिद्ध व्यक्ति के नाम पर है? —ज्योतिंद्रनाथ टैगोर

141. झारखंड में किसने मुगल प्रभाव का खात्मा किया था? —मराठा

142. झारखंड में 2011 की जनगणना के अनुसार लिंगानुपात कितना है? —949

143. कोरा जनजाति किस जनजाति की उपशाखा है? —मुंडा

144. झारखंड के पहले कॉलेज का नाम क्या है? —संत कोलंबस कॉलेज

145. पतरातू थर्मल विद्युत् शक्ति गृह किस देश की तकनीकी सहायता से बनी है? —रूस

146. शेरशाह का एक सेनापति, जिसने 1538 ई. में पलामू के चेरो शासक महारथ चेरो पर आक्रमण कर उसे लूटा था? —खवास खाँ

147. किसने घोषणा की, "अबुआ राज एटेजाना, महारानी राज टुडू (अर्थात् अब मुंडा राज शुरू हो गया है और महारानी विक्टोरिया का राज समाप्त हो गया है)"? —बिरसा मुंडा

148. झारखंड में विधानमंडल में कितने सदन हैं? —एक

149. झारखंड का राजकीय पशु कौन सा है? —हाथी

150. झारखंड राज्य का गठन कब हुआ? —15 नवंबर, 2000

151. गिरिडीह जिले के किस स्थान पर श्वेतांबरी जैनियों का तीर्थस्थल है? —मधुवन (पारसनाथ)

152. अटल बिहारी वाजपेयी सरकार में वन एवं पर्यावरण राज्य मंत्री कौन थे? —बाबूलाल मरांडी

153. राँची के निकट अवस्थित हुंडरू जलप्रपात की ऊँचाई लगभग कितने मीटर है? —75 मीटर

154. बेतला राष्ट्रीय उद्यान मुख्यत: कहाँ स्थित है? —लातेहार जिला में

155. डोमकच क्या है? —एक तरह का लोकनृत्य

156. सिद्धू कान्हू किस विद्रोह से संबद्ध थे? —संथाल विद्रोह

157. 'मारंग गोडा नीलकंठ हुआ' के लेखक कौन है? —डॉ. महुआ माझी

158. झारखंड के किस भाग में ऑटो आनुषंगिक उद्योगों का संकेंद्रण है? —पश्चिमी सिंहभूम

159. रियो ओलंपिक में भाग लेनेवाली लक्ष्मी रानी माझी किस राज्य की निवासी है? —झारखंड

160. चुआर विद्रोह (1769–1805) में किस जनजाति की सर्वप्रमुख भूमिका थी? —भूमिज

161. राज्य में सड़क संपर्कवाले गाँवों की संख्या कितनी है? —11666

162. न्यूनतम जनसंख्यावाला जिला कौन है? —लोहरदगा

163. अंतिम नागवंशी राजा कौन था? —चिंतामणि नाथ शाहदेव

164. बिरसा मुंडा के बचपन का नाम क्या है? —दाउद मुंडा

165. झारखंड में कृषि की ऊँची भूमि को क्या कहा जाता है? —टाँड़

166. एशिया की सबसे बड़ी कोल वाशरी (Coal Washri) कहाँ है? —कारगली (बोकारो)

167. कोयला भंडार में झारखंड का देश में कौन सा स्थान है? —पहला

168. म्युनिसिपल कॉरपोरेशन का औपचारिक प्रधान होता है? —मेयर

169. देश में पायराइट उत्पादन में झारखंड का कौन सा स्थान है? —प्रथम

170. चतरा जिले के इटखोरी प्रखंड में स्थित माँ भद्रकाली मंदिर को जैन धर्मावलंबी किस नाम से संबोधित करते हैं? —भदुलीमाता

171. पारसनाथ पहाड़ की ऊँचाई कितने मीटर है? —1365 मीटर

172. झारखंड में सर्वाधिक काली मिट्टी कहाँ पाई जाती है? —राजमहल

173. हुंडरू जलप्रपात किस पठार पर स्थित है? —राँची पठार पर।

174. झारखंड में सर्वाधिक दशकीय वृद्धि दर वाला जिला कोडरमा है, इस जिले की दशकीय जनसंख्या वृद्धि दर क्या थी? —43.42

175. बिरसा मुंडा केंद्रीय कारा कहाँ अवस्थित है? —होटवार (राँची)

176. ताँबा के उत्पादन तथा भंडारण के दृष्टिकोण से भारत का अग्रणी राज्य कौन है? —झारखंड

177. झारखंड में मानव निवास का इतिहास ई.पू. कितने लाख वर्ष तक प्राचीन है? —एक लाख

178. झारखंड के किस जिले में शंख नदी का उद्गम है? —गुमला

179. जनगणना 2011 के अनुसार कौन सा जिला झारखंड में सबसे अधिक आबादीवाला है? —राँची

180. रामगढ़ राज्य की प्रथम राजधानी कहाँ थी? —सिसिया

181. पशुओं में नस्ल सुधारने व दुग्ध उत्पादन में वृद्धि के लिए किस वर्ष से गोकुल ग्राम योजना चलाई जा रही है? —2004

182. सबसे कम जनसंख्या घनत्ववाला जिला कौन है? —सिमडेगा

183. मुहम्मद-बिन-तुगलक के सेनापति मलिक बया (संथाली स्रोत के अनुसार इब्राहिम अली) ने हजारीबाग क्षेत्र पर आक्रमण कब किया था? —1340 ई. में

184. विधानसभाध्यक्ष अपना इस्तीफा किसे सौंपता है? —विधानसभा उपाध्यक्ष को

185. झारखंड में जगन्नाथ मंदिर, जिसमें जगन्नाथ, सुभद्रा, बलराम की मूर्तियाँ हैं, कहाँ स्थापित है? —राँची

186. इंडियन लाख रिसर्च इंस्टीट्यूट कहाँ स्थित है? —नामकुम

187. 'राजमहल ट्रैप' झारखंड के किस भाग में स्थित है? —उत्तर-पूर्वी भाग

188. 2011 की जनगणना के अनुसार झारखंड की पुरुष साक्षरता दर क्या है? —76.84 प्रतिशत

189. रौलेट ऐक्ट विरोधी सत्याग्रह (1919 ई.) का राँची में किसने नेतृत्व किया? —बारेश्वर सहाय/गुलाब तिवारी

190. झारखंड में किस रेलवे का प्रबंध तंत्र है? —पूर्वी रेलवे और दक्षिण पूर्वी रेलवे

191. ठाकुर विश्वनाथ सिंह को कब फाँसी पर चढ़ाया गया था? —16 अप्रैल, 1858

192. एशिया की सबसे बड़ी लोहे की खानें झारखंड में कहाँ स्थित हैं? —नोवामुंडी

193. तिलका माँझी को कहाँ फाँसी दी गई? —भागलपुर

194. कन्या भ्रूण हत्या को रोकने के लिए झारखंड सरकार ने वर्ष 2012 को कौन सा वर्ष मनाने की घोषणा की? —बिटिया वर्ष

195. झारखंड का क्षेत्रफल भारत के क्षेत्रफल का कितना प्रतिशत है? —2.42 प्रतिशत

196. देश के कुल कोयला उत्पादन में झारखंड की भागीदारी कितनी है? —40 प्रतिशत

197. झारखंड के किस जिले में मलूटी मंदिर स्थित है? —दुमका
198. झारखंड की जनजातियों के सामाजिक-आर्थिक विकास के लिए किस वर्ष छोटानागपुर उन्नति समाज का आरंभ हुआ? —1915
199. खेरवार आंदोलन कब हुआ? —1874
200. 'इन्साइक्लोपीडिया मुंडारिका' के लेखक कौन हैं? —जे. हॉफमैन
201. झारखंड की कुल जनसंख्या में पुरुष जनसंख्या का प्रतिशत क्या है? —51.32
202. विष्णु एवं भागवत पुराण में किस तीर्थंकर को नारायण अवतार के रूप में चिह्नित किया गया है? —ऋषभदेव
203. 'घोटुल' क्या है? —संथाल जनजाति का युवागृह
204. झारखंड की किस नृत्य-शैली को राष्ट्रीय एवं अंतर्राष्ट्रीय प्रसिद्धि मिली है? —छऊ
205. मुख्यमंत्री ग्राम सेतु योजना किस वर्ष शुरू की गई? —2001
206. खड़िया समाज का राजा क्या कहलाता है? —डोकलो शोहोर
207. मुख्यमंत्री विकास योजना किससे संबंधित है? —राज्य के सर्वांगीण विकास
208. झारखंड का सबसे ऊँचा भू-भाग कौन सा है? —पाट क्षेत्र
209. अनुसूचित जाति का न्यूनतम प्रतिशतवाला जिला कौन है? —पाकुड़
210. झारखंड की कौन सी जनजाति लौहकर्मी है? —टसुर
211. किसके समय में 1670 ई. में रामगढ़ राज्य राजधानी बादाम से रामगढ़ स्थानांतरित की गई? —दलेल सिंह
212. मैथन डैम कब एवं किस नदी पर बना? —1958 ई. में बराकर नदी पर
213. किसे एशिया का सबसे बड़ा स्टील संयंत्र माना जाता है? —बोकारो स्टील प्लांट
214. अलग राज्य आंदोलन को वैचारिक आधार प्रदान करने के लिए 6-7 मई, 1978 को राँची में झारखंड क्षेत्रीय बुद्धिजीवी सम्मेलन का आयोजन किया गया था। इसकी अध्यक्षता किसने की थी? —राधाकृष्ण
215. अनुसूचित जातियों के लिए लोकसभा में कितनी सीटें आरक्षित हैं? —1
216. कौन सी सभा पंचायत से संबंधित है? —ग्राम सभा

217. जपला किस उद्योग का एक प्रमुख केंद्र है? —सीमेंट

218. केंदरी, टुईला, बनम, भूआंग, ईशराज, तीनतारा, आदि वाद्य-यंत्र किस वाद्य यंत्र के अंतर्गत आते हैं? —तंतु वाद्य

219. राँची स्थित जैन मंदिर में 1918 में भगवान् महावीर की प्रतिमा स्थापित की गई थी। वह झारखंड की किस जनजाति से प्राप्त की गई थी? —सराक

220. भारतीय संविधान के किस अनुच्छेद के तहत राज्य की विधानसभा में अनुसूचित जातियों एवं अनुसूचित जनजातियों के लिए कितने स्थानों का आरक्षण किया गया है? —332

221. झारखंड के किस जिले में छऊ नृत्य का जन्म हुआ? —सरायकेला

222. झारखंड की उत्तर से दक्षिण तक लंबाई कितनी है? —380 कि.मी.

223. दामोदर घाटी निगम के प्रथम अध्यक्ष कौन हैं? —एंड्रयू डब्लू लैंगस्टे

224. किस त्योहार में अविवाहित युवतियाँ एक लकड़ी/बाँस के सुसज्जित चौखटे को रंगीन कागज से सजाकर पास की नदी को समर्पित कर आती हैं? —टुसू परब

225. करमा पर्व किस दिन मनाया जाता है?

—भादो महीने के शुक्ल पक्ष की एकादशी को

226. हो जनजाति शासन व्यवस्था में गाँव का प्रधान कौन होता है? —मुंडा

227. महेशपुर की किस रानी ने पहाड़िया लोगों को अंग्रेजों का विरोध करने के लिए कहा था? —सर्वेश्वरी ने

228. भारत छोड़ो आंदोलन (1942) के दौरान हजारीबाग की सरस्वती देवी को गिरफ्तार कर किस जेल में नजरबंद किया गया? —भागलपुर जेल

229. 'सोनोत (शुद्ध) संथाल समाज' (1971 ई.) की स्थापना किसने की?

—शिबू सोरेन

230. राँची जिले से कौन सी महत्त्वपूर्ण भौगोलिक रेखा गुजरती है?

—कर्क रेखा

231. झारखंड क्षेत्र स्वायत्त परिषद् का गठन कब हुआ था?

—9 अगस्त, 1995 में

232. झारखंड का प्रथम बिजलीघर कहाँ स्थापित किया गया? —तिलैया में

233. छिन्नमस्तिका मंदिर (रजरप्पा, रामगढ़ जिला) में किस देवी की मूर्ति प्रतिष्ठापित है? —काली

234. पलामू क्षेत्र में किसके नेतृत्व में 1857 की लड़ाई लड़ी गई थी? —निलांबर-पितांबर
235. 'उलगुलान' (महाविद्रोह) किससे जुड़ा था? —बिरसा मुंडा
236. झारखंड राज्य की कुल 86.45 लाख की अनुसूचित जनजातीय आबादी में आदिम जनजातियों की कुल संख्या कितनी है? —1.92 लाख
237. झारखंड सरकार की घोषणा के तहत, स्वतंत्रता सेनानियों की पेंशन राशि 3,000 रुपए से बढ़ाकर कितनी कर दी गई? —5,000 रुपए
238. भारत में सबसे अधिक कुष्ठ रोगी किस राज्य में पाए जाते हैं?—झारखंड
239. झारखंड से राज्यसभा के लिए चुने जानेवाले सदस्यों की कुल संख्या कितनी है? —6
240. झारखंड में कितने जनजातीय समूह हैं? —32
241. 'रामलीला' (कहानी-संग्रह) के लेखक कौन हैं? —राधाकृष्ण
242. अभ्रक किस वर्ग का खनिज है? —अधात्विक
243. मुगल बादशाह शाह आलम ने कब ईस्ट इंडिया कंपनी सरकार को बिहार-बंगाल-उड़ीसा की दीवानी (राजस्व प्रशासन) प्रदान की थी? —12 अगस्त, 1765
244. उत्तरी कोयल नदी का उद्गम स्थल कहाँ है? —राँची पठार का मध्य भाग
245. झारखंड में कितने (डीम्ड विश्वविद्यालय छोड़कर) विश्वविद्यालय हैं? —7
246. 2011 जनगणना के अनुसार झारखंड में साक्षरता दर कितनी है?—66.40
247. किस संथाली नाटककार को उनके उपन्यास 'राही रावण काना' के लिए साहित्य अकादमी पुरस्कार से नवाजा गया? —भोगला सोरेन
248. रामगढ़ कांग्रेस अधिवेशन कब आयोजित किया गया था? —1940 में
249. चने की खेती किस जिले में सर्वाधिक होती है? —पलामू
250. जैनियों की प्राचीन सप्त ऋषि गुफा चतरा के किस प्रखंड में है? —हंटरगंज
251. 2011 की जनगणना के अनुसार झारखंड की कुल जनसंख्या में ग्रामीण जनसंख्या का प्रतिशत क्या है? —75.95
252. जुबली पार्क कहाँ है? —जमशेदपुर

253. राज्य विद्युत् नियामक आयोग का गठन कब किया गया था? —अगस्त 2002 में

254. किसके शासनकाल में सिंह राज्य की कुल देवी के रूप में पौरी देवी की प्राणप्रतिष्ठा की गई? —अच्युत सिंह

255. घाघ केंद्रीय कारा कहाँ अवस्थित है? —पूर्वी सिंहभूम

256. पालना डैम झारखंड की किस नदी पर निर्मित है? —स्वर्णरेखा

257. 1979 में महाश्वेता देवी द्वारा रचित साहित्य अकादमी पुरस्कार से पुरस्कृत ऐतिहासिक उपन्यास 'आरण्येर अधिकार' (जंगल का अधिकार 1977) किसके जीवन पर आधारित है? —बिरसा मुंडा

258. झारखंड के पहले राज्यपाल कौन थे? —प्रभात कुमार

259. हो जनजातीय शासन व्यवस्था में मुंडा के सहायक का नाम क्या है? —डाकुआ

260. ऋग्वेद की ऋचाओं में किन दो जैन तीर्थकरों का उल्लेख है? —ऋषभदेव-अरिष्टनेमि

261. पहला नागवंशी राजा कौन था? —फणिमुकुट राय

262. झारखंड की भौगोलिक स्थिति क्या है?

—21°58'10'' से 25°19'15'' उत्तरी अक्षांश तथा 83°19'50'' से 87°57' पूर्वी देशांतर के मध्य

263. पंचायत समिति का सर्वप्रमुख अधिकारी कौन होता है? —प्रमुख

264. झारखंड किस राज्य से कटकर बना है? —बिहार से

265. सन् 1914 में कौन सा आंदोलन हुआ? —टाना भगत प्रतिरोध

266. झारखंड में मिट्टी के कितने प्रकार हैं? —6

267. खोंड जनजाति में पाई जानेवाली नरबलि प्रथा को क्या कहा जाता था? —मरियाह प्रथा

268. सविनय अवज्ञा आंदोलन के दौरान विदेशी वस्तुओं की दुकानों के सामने पिकेटिंग करते समय किस स्वतंत्रता सेनानी की हत्या राँची में कर दी गई थी? —रामवृक्ष ब्रह्मणचारी

269. झारखंड की एकमात्र कौन सी जनजाति, जो पहाड़ों एवं जंगलों में रहना पसंद नहीं करती है और साथ ही मजदूरी करना अपनी प्रतिष्ठा के खिलाफ समझती है? —चेरो

270. झारखंड का स्थापना दिवस कब है? —15 नवंबर
271. झारखंड अपनी पंचवर्षीय योजना में ग्रामीण आबादी के लिए प्रभावी स्वास्थ्य सेवा प्रदान करने के लिए 2005 के बाद से कौन सी योजना कार्यान्वित कर रहा है? —राष्ट्रीय ग्रामीण स्वास्थ्य मिशन
272. मलेर किस जनजाति का दूसरा नाम है? —सौरिया पहाड़िया
273. केंद्रीय ईंधन अनुसंधान संस्थान कहाँ स्थित है? —जलगोड़ा में
274. 'घेरे के बाहर' (उपन्यास) के रचनाकार कौन हैं? —द्वारिका प्रसाद
275. झारखंड में उर्वरक (Fertilizer) का प्रथम कारखाना कहाँ स्थापित किया गया है? —सिंदरी
276. खरवार आंदोलन का नेतृत्व किसने किया? —भगीरथ माँझी
277. मालतो भाषा किस जनजाति से संबंधित है? —माल पहाड़िया
278. किस काल में लावा निस्सरण से राजमहल पहाड़ी का निर्माण हुआ है? —जुरैसिक काल
279. हैवी इंजीनियरिंग कॉरपोरेशन (एच.ई.सी.) उद्योग किस देश के सहयोग से स्थापित हुआ था? —सोवियत रूस
280. झारखंड की ताँबा उत्पादन खान कहाँ स्थापित की गई है? —घाट शिला
281. कीनन स्टेडियम कहाँ स्थित है? —जमशेदपुर में
282. पलामू क्षेत्र के किस चेरो राजा को 1528 ई. में चंदेरी के युद्ध में हार का सामना करना पड़ा था? —मेदिनी राय
283. बारह हजारी एवं तेरह हजारी के नाम से कौन सी जनजाति जानी जाती है? —चेरो जनजाति
284. झारखंड के उस प्रसिद्ध व्यक्तित्व का नाम बताएँ, जो सीमांत संस्कृतियों के एक इतिहासकार हैं। —रमणिका गुप्ता
285. झारखंड में 2011 में आयोजित 34वें राष्ट्रीय खेल का शुभंकर क्या था? —छौआ
286. भूमिज विद्रोह के नेता कौन थे? —गंगा नारायण सिंह
287. कौन से त्योहारों के दौरान, जनजाति महिलाएँ पूरे दिन पुरुष के कपड़े पहनकर पशुओं का शिकार करती हैं? —मुक्का सेंद्रा
288. चंद्रपुरा ताप विद्युत् गृह किस जिले में स्थित है? —बोकारो
289. जैन धर्म के पहले तीर्थकर कौन थे? —ऋषभ देव

290. जादोपटिया चित्रकारी किस जनजाति में प्रचलित है? —संथाल

291. झारखंड के किस जिले में अनुसूचित जनजाति की सर्वाधिक जनसंख्या पाई जाती है? —खूँटी

292. भारतीय संविधान में अभी तक झारखंड की कितनी जनजातियों को अनुसूचित जनजाति घोषित किया गया है? —32

293. ग्रामसभा की कार्यकारिणी समिति किसे कहा जाता है? —ग्राम पंचायत को

294. छऊ नृत्य को किस रियासत के शासकों ने संरक्षण दिया? —सरायकेला

295. झारखंड में राजकीय राजमार्गों की कुल लंबाई कितनी है? —1,886.40 कि.मी.

296. रूबी श्रेणी के अबरख का उत्पादन झारखंड के किन जिलों में होता है? —गिरिडीह-कोडरमा

297. झारखंड के लातेहार जिले में कौन सा पर्यटन स्थल स्थित है?—नेतरहाट

298. कौन सा मंदिर भूमि और धरती के जनजातीय देवता को समर्पित है? —भूफोर मंदिर

299. तोपचांची वन्य जीव अभयारण्य कहाँ अवस्थित है? —धनबाद

300. रामगढ़ राज्य (1368 ई. में स्थापित) के संस्थापक कौन थे? —बाघदेव सिंह

301. राज्य का सर्वाधिक वनाच्छादित जिला कौन है? —चतरा

302. झारखंड सरकार ने किस नाम के साथ वर्ष 2012 पूरा किया और इसके प्रति समर्पित रखा? —बिटिया वर्ष

303. सिंहभूम में ब्रिटिश ईस्ट इंडिया कंपनी का प्रवेश किस वर्ष आरंभ हुआ? —1767 ई.

304. इंडियन स्कूल ऑफ माइंस कहाँ अवस्थित है? —धनबाद

305. पृथक् झारखंड राज्य 15 नवंबर, 2000 ई. को अस्तित्व में आया, 15 नवंबर किसका जन्मदिन है? —बिरसा मुंडा

306. झारखंड में अनुसूचित जनजातियों का प्रतिशत कितना है? —26.10 प्रतिशत

307. झारखंड विधानसभा के लिए कितने सदस्यों को मनोनीत किया जाता है? —1

308. किसने 1935 ई. में विधवाओं एवं निराश्रित महिलाओं के लिए 'अबला आश्रम' की स्थापना की? —नागरमल मोदी
309. बुनकरों को क्रेडिट कार्ड प्रदान करनेवाला झारखंड देश का कौन सा राज्य है? —प्रथम
310. झारखंड में वर्षा आश्रित चावल अनुसंधान केंद्र कहाँ अवस्थित है? —हजारीबाग
311. अनुसूचित जातियों के लिए विधानसभा की कितनी सीटें आरक्षित हैं? —9
312. राज्य का सबसे छोटे लोकसभा निर्वाचन क्षेत्रवाला जिला कौन है? —चतरा
313. 1857 के विद्रोह के दौरान पंचेत के राजा नीलमणि सिंह को गिरफ्तार कर कहाँ भेज दिया गया? —अलीपुर जेल (कलकत्ता)
314. पारसनाथ अभयारण्य झारखंड में कहाँ स्थित है? —गिरिडीह
315. झारखंड विधानसभा में निर्वाचित सदस्यों की संख्या कितनी है? —81
316. 2011 की जनगणना की अंतिम रिपोर्ट 7 जनवरी, 2014 को प्रकाशित हुई। इन नवीनतम आँकड़ों के आधार पर झारखंड की कुल जनसंख्या कितनी है? — 3,29,88,134
317. ब्रिटिश के विरुद्ध उराँव विद्रोह का नेतृत्व किसने किया? —बुद्धो भगत
318. जमशेदपुर किस नदी के किनारे अवस्थित है? —स्वर्णरेखा
319. प्यारा केरकेट्टा किस जनजातीय भाषा के रचनाकार थे? —खड़िया
320. झारखंड के किस पठार से स्वर्णरेखा नदी निकलती है? —छोटानागपुर पठार
321. झारखंड में जनजातीय जमाव (संकेंद्रण) का मुख्य क्षेत्र कहाँ है? —छत्तीसगढ़ एवं पश्चिमी बंगाल के सीमावर्ती इलाके
322. झारखंड में विद्युत् ऊर्जा का मुख्य स्रोत क्या है? —तापीय विद्युत्
323. लोकसभा में अलग झारखंड राज्य से संबंधित बिहार राज्य पुनर्गठन विधेयक कब पारित हुआ? —2 अगस्त, 2000
324. ओलंपिक स्वर्ण पदक विजेता वे नेता कौन थे, जिन्होंने झारखंड में एक राजनैतिक दल की स्थापना भी की थी? —जयपाल सिंह मुंडा

325. चारा उत्पादन संयंत्र किस जिले में स्थापित है? —राँची
326. झारखंड की औसत वार्षिक वर्षा कितने सेंटीमीटर है? —140 सेमी.
327. घुमकुड़िया निम्नलिखित में से किससे संबंधित है? —उराँव
328. महामाया मंदिर (हापामुनि गाँव, घाघरा थाना, गुमला जिला) का निर्माण किसने करवाया? —गजघंट राय
329. आदिवासी सभा का पहला अध्यक्ष कौन निर्वाचित हुआ था? —जयपाल सिंह
330. सर्व शिक्षा अभियान के बारहवीं पंचवर्षीय योजना में केंद्र सरकार तथा राज्य सरकार की कितनी हिस्सेदारी थी? —60:40
331. झारखंड कर्मचारी चयन आयोग के वर्ष 2016 में वर्तमान अध्यक्ष कौन हैं? —रतन कुमार
332. भारत में लाह के उत्पादन में झारखंड का स्थान कौन सा है? —पहला
333. झारखंड का सर्वाधिक गरम कुंड, जिसे सूर्यकुंड कहा जाता है, कहाँ स्थित है? —हजारीबाग
334. बिरसा मुंडा आवास योजना किस वर्ग के लिए है? —आदिम जनजाति
335. राज्य में वर्तमान मत्स्य उत्पादन कितने किलोग्राम प्रति हेक्टेयर प्रतिवर्ष है? —1650
336. राज्य की 81 विधानसभा सीटों में से कितनी जनजाति के लिए आरक्षित हैं? —28
337. झारखंड में 1857 के विद्रोह का सेनापति कौन था?—पांडेय गणपत राय
338. लोकसभा में झारखंड की अनुसूचित जाति के लिए आरक्षित सीटों की संख्या कितनी है? —1
339. झारखंड के इतिहास में किस अभियान या आंदोलन में जर्मन बाबा के गीत गाकर उनके समर्थक उनका आह्वान करते थे? —ताना आंदोलन
340. झारखंड राज्य का देश में रसोई कोयला रिजर्व का प्रतिशत क्या है?—90
341. झारखंड राज्य प्रदूषण नियंत्रण बोर्ड की स्थापना कब हुई थी? —9 अप्रैल, 2001
342. रामगढ़ राज की स्थापना किस राजा ने की थी? —बाघदेव सिंह
343. किस जनजाति का अस्तित्व केवल झारखंड में है? —मुंडा

344. कुंदा मेला कहाँ आयोजित किया जाता है? —प्रतापपुर
345. उच्च न्यायालय के न्यायाधीश की सेवानिवृत्ति की उम्र सीमा कितने वर्ष है? —62
346. भारत छोड़ो आंदोलन (1942) के दौरान आंदोलनकारियों ने झारखंड के किस स्थान पर समानांतर सरकार की स्थापना की? —सरवण
347. 2001-2011 दशक में जनसंख्या वृद्धि का प्रतिशत क्या है? —22.4
348. किस तिथि से झारखंड में 1857 का विद्रोह शुरू हुआ था? —30 जुलाई, 1857
349. झारखंड से लोकसभा के लिए चुने जानेवाले सदस्यों की कुल संख्या कितनी है? —14
350. झारखंड का सर्वाधिक अनुसूचित जाति प्रतिशत वाला जिला कौन सा है? —चतरा
351. किस जिले के क्षेत्रफल में वन क्षेत्र का प्रतिशत झारखंड में सर्वाधिक है? —चतरा
352. झारखंड का ऊँचा जलप्रपात कौन सा है? —बूढ़ाघाघ
353. 2011 की जनगणना के अनुसार झारखंड का जनसंख्या घनत्व प्रति वर्ग किमी. कितना है? —414 प्रति वर्ग किमी.
354. झारखंड का सर्वाधिक अनुसूचित जनजाति प्रतिशतवाला जिला कौन सा है? —राँची
355. 91वें संविधान संशोधन अधिनियम, 2003 के अनुसार झारखंड में मुख्यमंत्री सहित मंत्रिपरिषद् की कुल सदस्य संख्या कितनी होनी चाहिए? —12
356. जट-जटिन लोक नाट्य द्वारा किसके वैवाहिक जीवन को दरशाया जाता है? —जट-जटिन
357. भारतीय संविधान की आठवीं अनुसूची में स्थान पानेवाली झारखंड की एकमात्र क्षेत्रीय भाषा कौन सी है? —संथाली
358. किस नागवंशी राजा ने स्वर्णरेखा नदी के समीप सतरंजी में अपनी राजधानी स्थापित की थी? —ऐनी शाह
359. झारखंड राज्य में कौन से दो जिले पूर्णत: अनुसूचित जनजाति के लिए आरक्षित हैं? —गुमला और लोहरदगा

360. झारखंड का कौन सा जिला राज्य के लौह अयस्क उत्पादन के लगभग 100 प्रतिशत के साथ राज्य का सबसे बड़ा लौह अयस्क उत्पादक है? —पश्चिम सिंहभूम

361. मुंडा जनजाति समाज में युवा गृह का क्या नाम है? —गितिओड़ा

362. अलग राज्य बनने के बाद झारखंड में पहली जनगणना कब हुई? —2001

363. कौन सी जनजाति उड़ीसा से आकर झारखंड में बसी हैं? —खोंड

364. साम्राज्यवादी नीतियों के विरुद्ध झारखंड में क्रांतिकारी पत्रकारिता की शुरुआत करनेवाला कौन पत्रकार था? —सखाराम गणेश देउस्कर

365. बॉक्साइट उत्पादन की दृष्टि से झारखंड का भारत में कौन सा स्थान है? —तृतीय

366. झारखंड से गुजरनेवाले राष्ट्रीय मार्ग ग्रांड ट्रंक रोड को किस नाम से पुकारते हैं? —राष्ट्रीय राजमार्ग-2

367. चेरो विद्रोह (1770-71) का नेतृत्व किसने किया? —चित्रजीत राय

368. जयपाल सिंह के बचपन का नाम क्या था? —वेन्नद पाहन

369. झारखंड राज्य में 2000 में कितने जिलों का गठन किया गया और वर्तमान में कुल कितने जिले हैं? —(1) 18 (2) 24

370. बिहार राज्य पुनर्गठन विधेयक, 2000 पर राष्ट्रपति के.आर. नारायणन ने कब हस्ताक्षर किए? —25 अगस्त, 2000

371. झारखंड का सबसे गरम स्थल कौन सा है? —जमशेदपुर

372. झारखंड की 50 हजार महिलाओं को स्वावलंबी बनाने के लिए रोजगार के अवसर पैदा करने हेतु सहकारिता विभाग द्वारा कौन सी योजना चलाई जा रही है? —दीदी समृद्धि योजना

373. झारखंड राज्य में बी.पी.एल. परिवारों को पाँच रुपए में भर पेट भोजन उपलब्ध कराने हेतु मुख्यमंत्री दाल-भात योजना की शुरुआत किस तिथि को की गई थी? —15 अगस्त, 2011

374. अशोक ने शिलालेख-13 में झारखंड क्षेत्र की चर्चा किस नाम से की है? —अटावी

375. झारखंड की किस महिला खिलाड़ी ने गुवाहाटी में आयोजित वर्ष 2007 के राष्ट्रीय खेल में अपने ही राज्य की खिलाड़ी को हराकर स्वर्ण पदक प्राप्त किया? —मंजुधा सोय

376. कौन सा उद्यान झारखंड में है? —बेतला राष्ट्रीय उद्यान

377. सुअर विकास केंद्र किस जिले में स्थापित है? —खूँटी

378. अंग्रेजों का प्रवेश सर्वप्रथम किस क्षेत्र में हुआ था? —सिंहभूम

379. 24 जैन तीर्थंकरों में से कितने तीर्थकरों ने झारखंड में निर्वाण प्राप्त किया था? —21

380. काजाँगल (राजमहल) में हर्षवर्द्धन से मिलनेवाले चीनी यात्री का क्या नाम था? —ह्वेनसांग

381. कुतुबुद्दीन ऐबक का कौन सेनापति, बिहार अभियान के बाद बंगाल अभियान पर जाने के क्रम में झारखंड से होकर गुजरा था? —बख्तियार खिलजी

382. घटवाल विद्रोह (1772–73) का नेतृत्व विभिन्न घटवाल सरदारों ने किया। ये घटवाल सरदार किसके वफादार रैयत थे? —मुकुंद सिंह

383. मंदिरों का गाँव किस स्थान को कहा जाता है? —मलूटी, दुमका

384. कौलेश्वरी मंदिर कहाँ स्थित है? —चतरा में

385. झारखंड स्थित किस मंदिर में हिमाचल के ज्वालाजी मंदिर से लाकर अखंड ज्योति स्थापित करने की मान्यता है? —शक्ति मंदिर

386. अभ्रक की खानें कहाँ पाई जाती हैं? —बोकारो में

387. किस वर्ष, एक अलग झारखंड राज्य की माँग के लिए एक ज्ञापन साइमन कमीशन को प्रस्तुत किया गया था? —1928

388. सरकार प्रत्येक वर्ष प्रत्येक विधायक को विधायक स्कीम के तहत कितने करोड़ रुपए देती है? —4 करोड़

389. झारखंड का पहला विधि महाविद्यालय कौन है? —छोटानागपुर लॉ कॉलेज

390. पलामू के किस चेरोवंशी शासक के शासनकाल को 'चेरो शासन के स्वर्ण युग' के रूप में जाना जाता है? —मेदिनी राय

391. किसने अपने सैन्य दल को झारखंड तक भेजा और 'झारखंडी सुल्तान' (अर्थात् जंगल का राजा) की पदवी धारण की? —आदिल खान

392. किसने खुखरा के स्थान पर दोइसा (डोइसा) को छोटानागपुर खास के नागवंशी राज्य की राजधानी बनाया? —दुर्जन शाह
393. किस वर्ष भारत की शासन व्यवस्था ईस्ट इंडिया कंपनी सरकार से इंग्लैंड की महारानी विक्टोरिया के पास आई थी? —1858
394. पारसनाथ पहाड़ (श्री सम्मेद शिखर) किस जिले में अवस्थित है? —गिरिडीह
395. झारखंड क्षेत्र में सर्वप्रथम किस पठान शासक का प्रवेश हुआ था? —शेरशाह सूरी
396. टाना भगत लैंड रेस्टोरेशन ऐक्ट किस वर्ष बनाया गया था? —1947
397. झारखंड की पहली पत्रिका का नाम क्या है? —घर बंधु
398. झारखंड राज्य मानवाधिकार आयोग के वर्ष 2016 में वर्तमान अध्यक्ष कौन हैं? —न्यायमूर्ति नारायण राय
399. सूरजकुंड किस जिले में है? —हजारीबाग
400. भारत का 90 प्रतिशत अभ्रक झारखंड में पाया जाता है। इस अभ्रक को क्या कहा जाता है? —रूबी
401. क्रिश्चियन स्टूडेंट्स ऑर्गेनाइजेशन; (1912 ई.) की स्थापना किसने की? —जे. बारथोलोमेन
402. झारखंड का सर्वाधिक जनसंख्या घनत्ववाला जिला कौन सा है? —धनबाद
403. झारखंड का राजकीय पक्षी कौन सा है? —कोयल
404. सैनिक वेश धारणकर किया जानेवाला झारखंड का लोक नृत्य क्या है? —पइका नृत्य
405. कोल विद्रोह के नेता बुद्धु भगत अपने भाई, बेटे, भतीजे एवं 150 अनुयायियों सहित अंग्रेजी सेना के बंदूकधारियों के हाथों मारे गए। इस सेना के नेतृत्वकर्ता कौन थे? —कैप्टेन इंपे
406. झारखंड का हाइडल पावर प्रोजेक्ट किस स्थान पर है? —तिलैया
407. रामगढ़ के राजा की मूल राजधानी कहाँ थी? —रामगढ़ में
408. झूम किस जनजाति से संबंधित है? —पहाड़िया
409. हो जनजाति में बधूमूल्य को क्या कहा जाता है? —गोनोंग या पोन

410. प्रसिद्ध तीरंदाज दीपिका कुमारी ने कहाँ प्रशिक्षण प्राप्त किया था?
—टाटा धनुर्विद्या अकादमी

411. हजारीबाग के किस स्थल से आदि मानव द्वारा निर्मित चित्र मिले हैं?
—इस्को

412. किस प्रतापी चेरो राजा के नाम पर डाल्टेनगंज का नामकरण मेदनीपुर किया गया? —मेदनी राय

413. भारत छोड़ो आंदोलन में सबसे अधिक 13310 व्यक्ति एक जिले से गिरफ्तार हुए थे। वह कौन जिला था? —हजारीबाग

414. कुल क्षेत्रफल का कितना प्रतिशत भाग वन है? —29.61

415. साक्षरता की दृष्टि से झारखंड का स्थान किस नंबर पर है? —32

416. कोहबर चित्रकारी में 'कोहबर' का क्या अर्थ होता है?
—गुफा में विवाहित जोड़ा

417. साहित्यिक पत्रिका 'बिजली' के संपादक कौन थे?
—प्रफुल्लचंद ओझा मुक्त

418. झारखंड में लाल मिट्टी का प्रतिशत क्या है? —90 प्रतिशत

419. पालकोट राजमहल किस नागवंशी राजा के कार्यकाल में बनवाया गया?
—रघुनाथ शाह

420. 2011 की जनगणना के अनुसार राज्य में मृत्यु दर का प्रतिशत क्या है?
—13.12

421. मूल्य की दृष्टि से भारत के कुल खनिज उत्पादन का कितना प्रतिशत झारखंड द्वारा उत्पादित होता है? —26

422. किस मुगल बादशाह के समय में 1585 ई. में मुगल साम्राज्य एवं झारखंड के बीच वास्तविक संपर्क स्थापित हुआ? —अकबर

423. किस आंदोलन के दौरान यह गीत लोकप्रिय हुआ था 'कटोंग बाबा कटोंग/ साहेब कटोंग, रारी कटोंग कटोंग...(काटो बाबा काटो! यूरोपियों को काटो! दूसरी जातियों को काटो)? —बिरसा मुंडा के आंदोलन के दौरान

424. मानभूम झंडा सत्याग्रह किस वर्ष हुआ? —1945 ई.

425. झारखंड का न्यूनतम जनसंख्या घनत्ववाला जिला कौन सा है?—सिमडेगा

426. 2011 की जनगणना के अनुसार झारखंड की कुल आबादी में अनुसूचित जनजातीय आबादी का प्रतिशत कितना है? —26.10 प्रतिशत

427. नगेसिया किस जनजाति का दूसरा नाम है? —किसान जनजाति
428. कौन सा विद्रोह सिद्धू तथा कान्हो से संबंधित है?—संथाल क्रांति, 1855
429. किस वर्ष में संथाल परगना के 18 जिलों और छोटानागपुर को मिलाकर झारखंड क्षेत्र स्वायत्त परिषद् का गठन किया गया था? —1995
430. जयंत तालुकदार किस खेल से संबंधित है? —तीरंदाजी
431. झारखंड सरकार के किस कार्यक्रम के तहत विद्यार्थियों में साइकिल वितरित की जाती है? —शिक्षा उन्नति कार्यक्रम
432. 'पाँच दिनी हड़ताल' (बंदी कार्यक्रम) से झारखंड में असहयोग आंदोलन की शुरुआत हुई थी। पाँच दिनी हड़ताल का आह्वान किस स्वतंत्रता सेनानी ने किया था? —नागरमल मोदी
433. मुगलकाल में छोटानागपुर का नाम क्या था? —कोकरह/खोखरा
434. चतरा और साहेबगंज जिले किस पड़ोसी राज्य की सीमा को स्पर्श करते हैं? —बिहार
435. लैटेराइट मिट्टी का रंग कैसा होता है? —गहरा लाल
436. किसने अपने बारे में प्रचारित किया कि ईश्वर ने उन्हें किसी को निरोग करने की चमत्कारिक शक्ति प्रदान की है, जिससे वे अनुयायियों को अभेद्य बना देंगे और शत्रु की बंदूकों और गोलियों को पानी बना देंगे? —बिरसा मुंडा
437. असहयोग आंदोलन (1920-22) के दौरान किसे 'पलामू का राजा' घोषित किया गया? —घनी सिंह खरवार
438. हजारीबाग का सूरजकुंड झारखंड का सबसे ज्यादा गरम पानी का सोता है। इसका तापमान क्या है? —88 डिग्री सेल्सियस (190 डिग्री फारेनहाइट)
439. झारखंड का राजकीय पुष्प कौन सा है? —पलाश
440. भाई-बहन के पवित्र प्रेम से संबंधित लोक नाट्य क्या है?—सामा-चकेवा
441. झारखंड राज्य क्रिकेट एसोसिएशन के वर्ष 2016 में वर्तमान अध्यक्ष कौन हैं? —अमिताभ चौधरी
442. झारखंड किस गोलार्द्ध में स्थित है? —उत्तरी गोलार्द्ध
443. झारखंड में प्रखंडों की कुल संख्या कितनी है? —264
444. बिरसा मुंडा के गुरु का नाम क्या है? —आनंद पांडेय

445. झारखंड में किस क्रम की चट्टानों का अभाव है? —कुडप्पा क्रम

446. प्रथम वायसराय लॉर्ड कैनिंग ने कब इलाहाबाद में दरबार लगाकर महारानी विक्टोरिया का घोषणा-पत्र पढ़ा था? —1 नवंबर, 1858

447. अबुआ राज (अपना राज) की उद्घोषणा किस मुंडा सरदार ने की थी? —बिरसा मुंडा

448. किस जनजातीय भाषा को भारत सरकार ने आठवीं अनुसूची के अंतर्गत रखा है? —संथाली

449. सतही जल की उपलब्धता 256570 लाख क्यूबिक मीटर है। इसमें कितने प्रतिशत का उपयोग हो पाता है? —23.4

450. उत्पादन की दृष्टि से झारखंड में सबसे बड़ी कोयला की खान कौन है? —अम्रपाली, टंडवा (चतरा)

451. 'महाभारत' में झारखंड क्षेत्र का उल्लेख किस नाम से मिलता है? —पुंडरिक देश

452. पूर्व मध्य काल में निर्मित टाँगीनाथ मंदिर (शिव मंदिर) झारखंड के किस जिले में स्थित है? —गुमला में

453. किस मुगलकालीन आत्मकथा में स्थानीय लोगों द्वारा शंख नदी से हीरे प्राप्त करने के तरीके का विस्तृत वर्णन मिलता है?—तुजुक-ए-जहाँगीरी

454. चेरो आंदोलन (1800-02) के नेता कौन थे? —भूषण सिंह

455. किस जेल में बिरसा मुंडा की मृत्यु हैजे से हुई? —राँची जेल

456. किस देशभक्त ने 'देशेर कथा' की रचना की?—सखाराम गणेश देउस्कर

457. रजरप्पा जलप्रपात किस नदी के संगम स्थित है? —दामोदर एवं भेड़ा (भौरवी) नदी के संगम पर

458. 'मुंडा राजा' की संज्ञा किसे दी गई? —जयपाल सिंह

459. झारखंड में सर्वप्रथम आनेवाले चार धर्म प्रचारक कौन-कौन थे? —एमिलो स्कॉच, अगसत ब्रांट, फ्रेडरिक वाच एवं थियोडोर जैक

460. दामिने-इ-कोह की घोषणा कब हुई? —1824

461. झारखंड में काँके से होकर कौन सी रेखा गुजरती है? —कर्क रेखा

462. झारखंड का कौन सा पहाड़ तीनों धर्मों हिंदू, बौद्ध एवं जैन का एक सुंदर संगम स्थल है? —कोल्हुआ पहाड़

463. सिंहभूम के पास जादुगोड़ा किसके लिए प्रसिद्ध है ?—यूरेनियम की खान

464. कौन सा भाषाओं का समूह द्रविड़ परिवार से संबंधित है ? —उराँव और पहाड़िया

465. शेख भिखारी किस विद्रोह के साथ जुड़े हुए हैं ? —1857 का विद्रोह

466. झारखंड का पहला कृषि विश्वविद्यालय कौन सा है ? —बिरसा कृषि विश्वविद्यालय

467. झारखंड का वह क्षेत्र, जो कोल विद्रोह (1831-32) से प्रभावित रहा ? —हजारीबाग

468. सहस्र बुद्ध (कौटिश्वरनाथ) कहाँ है ? —चतरा में

469. सर्वाधिक जनजाति प्रतिशतवाला जिला कौन है ? —खूँटी

470. 1781-82 ई. में संथाल परगना जिले के सुल्तानाबाद (महेशपुर राज) की रानी ने पहाड़िया सरदारों के सहयोग से कंपनी शासन के विरुद्ध विद्रोह किया। रानी का क्या नाम था ? —रानी सर्वेश्वरी

471. झारखंड में 1857 के विद्रोह का नेतृत्वकर्ता कौन था ? —ठाकुर विश्वनाथ शाहदेव

472. भारत के कुल खनिज उत्पादन का लगभग कितना प्रतिशत झारखंड में उत्पादित होता है ? —40 प्रतिशत

473. कोठेश्वरनाथ स्तूप झारखंड में कहाँ स्थित है ? —ईटखोरी

474. झारखंड अंतरिक्ष अनुप्रयोग केंद्र (JSAC) के वर्तमान निदेशक कौन हैं ? —डॉ. सर्वेश सिंघल

475. झारखंड में मुख्यमंत्री ग्राम सेतु योजना किस वर्ष शुरू की गई ? —2001

476. अंग्रेजी संसद् में किस वर्ष भारत सरकार अधिनियम पारित हुआ था ? —1858

477. नागवंशी राजाओं का शासन ई.पू. कब से आरंभ हुआ था ? —64

478. झारखंड की कुल जनसंख्या में महिलाओं की जनसंख्या का प्रतिशत क्या है ? —48.67

479. झारखंड में भू-विज्ञान संग्रहालय कहाँ है ? —राँची

480. झारखंड की कौन सी खान एशिया की सबसे बड़ी लोहे की खान है ? —नोवामुंडी

481. राज्य में सर्वप्रथम किस रेल मार्ग का निर्माण हुआ? —राजमहल से कोलकाता

482. अलाउद्दीन खिलजी का एक सेनापति, जिसने छोटानागपुर खास के नागवंशी शासक को देने के लिए विवश किया था। —छज्जू मल्लिक

483. किसने कहा, "संथाल विद्रोह भारत की प्रथम जनक्रांति थी, जो अंग्रेजी हुकूमत को तो नहीं उखाड़ सकी, पर सफाहोड़ आंदोलन को जन्म देने का कारण जरूर बन गई?" —कार्ल मार्क्स

484. झारखंड का सबसे छोटा संसदीय क्षेत्र कौन सा है? —चतरा

485. वर्तमान में झारखंड उच्च न्यायालय में न्यायाधीशों की कुल संख्या कितनी है? —20

486. विश्व में बाघ की पहली गणना कहाँ हुई? —बेतला नेशनल पार्क में

487. कौन सी भौगोलिक रेखा झारखंड से होकर गुजरती है? —कर्क रेखा

488. झारखंड में राष्ट्रीय राजमार्ग की कुल लंबाई कितनी है? —2649.00 कि.मी.

489. मुगल बादशाह जहाँगीर ने छोटानागपुर खास के नागवंशी शासक दुर्जनशाल को कैदी बनाकर किस किले में रखा, जहाँ वह 12 वर्षों तक कैद रहा? —ग्वालियर किला

490. झारखंड के किस स्थल से बुद्ध की भूमि स्पर्श मुद्रा में एक मूर्ति मिली? —पलामू-किला (पलामू)

491. किस तीर्थंकर को झारखंड निवासी होने की मान्यता है? —शीतलनाथ

492. आदिवासी सभा का नामकरण कब आदिवासी महासभा किया गया? —20-21 जनवरी, 1939

493. झारखंड के पहले साप्ताहिक पत्र 'आर्यावर्त्त' के संपादक कौन थे? —बालकृष्ण सहाय

494. झारखंड के किस जिले में सर्वाधिक साक्षर (76.1 प्रतिशत) जनसंख्या है? —राँची

495. लाख का देश के किस प्रदेश में सर्वाधिक उत्पादन होता है? —झारखंड

496. गुप्त शासक चंद्रगुप्त विक्रमादित्य के राज्यकाल में भारत आए चीनी यात्री फाहियान ने झारखंड क्षेत्र को क्या कहा है? —कुक्कुट लाड

497. विशुद्ध गांधीवादी तरीके से लड़ा गया पहला आदिवासी अहिंसक आंदोलन कौन सा था? —टाना भगत आंदोलन

498. हुल झारखंड पार्टी/क्रांतिकारी झारखंड पार्टी (1969) के संस्थापक कौन थे? —जस्टिन रिचर्ड

499. झारखंड आनेवाले प्रथम चार ईसाई मिशनरी (धर्म प्रचारक) किस देश के वासी थे? —जर्मनी

500. भारत को ओलंपिक हॉकी में पहला स्वर्ण पदक 1928 ई. में एम्सटर्डम में हुए ओलंपिक खेल में मिला था। उस समय भारतीय हॉकी टीम के कप्तान कौन थे? —जयपाल सिंह

501. महात्मा गांधी राष्ट्रीय ग्रामीण रोजगार गारंटी योजना के अंतर्गत कितने दिनों का रोजगार सुनिश्चित किया गया है? —100 दिन

502. झारखंड भारत का कौन सा राज्य है? —28वाँ

503. राँची विश्वविद्यालय की स्थापना किस वर्ष हुई थी? —वर्ष 1960 में

504. खानदेश के किस शासक को इतिहासकारों ने 'झारखंडी सुलतान' की उपाधि दी है? —आदिल शाह द्वितीय

505. अंदी और ओपरतिपी नाम से प्रचलित विवाह किस जनजाति से संबंधित है? —हो जनजाति

506. विद्यालय में बच्चों को लाने के लिए झारखंड में कौन सी योजना चलाई गई थी? —मिड-डे-मील

507. धनबाद जिले का कौन सा औद्योगिक शहर एक सघन औद्योगिक संकुल है, जहाँ 25 किमी. के दायरे में 250 उद्योग स्थापित हैं? —चिरकुंडा

508. मदर टेरेसा की उत्तराधिकारी सिस्टर निर्मला का जन्म कहाँ हुआ था? —राँची

509. झारखंड में गाँवों की कुल संख्या कितनी है? —32,620

510. 2012-13 में किस क्षेत्र ने वर्तमान मूल्यों पर झारखंड के सकल राज्य घरेलू उत्पाद में 43.7 प्रतिशत का योगदान दिया? —तृतीयक क्षेत्र

511. बांसुर नरसिंघ भेइर, सानाई, मदनभेरी, तिरियो आदि वाद्य यंत्र किस वाद्य यंत्र के अंतर्गत आते हैं? —सुबिर वाद्ययंत्र

512. न्यूनतम अनुसूचित जनजाति प्रतिशतवाला जिला कौन सा है?—कोडरमा

513. झारखंड पार्टी का गठन जयपाल सिंह ने किस वर्ष किया था? —1950 में

514. राज्य में दुधारू पशुओं की संख्या कितने लाख है? —73.40

515. चांडिल डैम किस नदी पर स्थित है? —स्वणरिखा

516. 1899-1900 की मुंडा क्रांति का नेता कौन था? —बिरसा मुंडा

517. ऑल इंडिया झारखंड पार्टी (1967) के संस्थापक कौन थे? —बागुन सुंब्रई

518. झारखंड का सर्वाधिक ठंडा स्थान कौन सा है? —नेतरहाट

519. 'बिरहोर' का शाब्दिक अर्थ क्या है? —जंगल का आदमी

520. झारखंड का सर्वाधिक नगरीय जनसंख्यावाला जिला कौन सा है? —धनबाद

521. गंगा नदी झारखंड के किस जिले में बहती है? —साहेबगंज

522. टाना भगत ने किस वर्ष से अपनी माँग कांग्रेस के मंच से उठाना शुरू किया था? —1920

523. झारखंड के प्रथम विधानसभा अध्यक्ष का क्या नाम है? —इंदर सिंह नामधारी

524. देश के प्रथम उद्योगपति का नाम बताएँ, जिसे 'भारत रत्न' प्राप्त हुआ है। —जे.आर.डी. टाटा

525. भारत में किसानों को उचित दर पर ऋण की व्यवस्था करने हेतु कौन सी योजना प्रारंभ की गई है? —किसान क्रेडिट कार्ड योजना

526. व्यंग्य चित्रकार मोनी का वास्तविक नाम क्या है? —तपव्रत चक्रवर्ती

527. नागवंशी परिवार का मुख्यालय दोयसा स्थानांतरित क्यों हुआ? —दोयसा में युद्ध में पराजित होने के कारण

528. किस स्थान के पास मैग्नोलिया प्वाइंट स्थित है? —नेतरहाट

529. झारखंड में किस वर्ष प्रथम औद्योगिक नीति को कारगर किया गया? —2001

530. कौन सा स्थान झारखंड में ताँबे की खानों के लिए प्रसिद्ध है?—घाटशिला

531. झारखंड में वर्षा किस मानसून से होती है? —दक्षिण-पश्चिमी मानसून

532. झारखंड क्षेत्र में बौद्ध धर्म के प्रचार-प्रसार हेतु अशोक ने एक धर्म अधिकारी भेजा था, उसका नाम क्या है? —रक्षित

533. सावित्री पुर्ति का संबंध किससे है? —हॉकी से

534. किसने घोषणा की कि 'दिकुओं से अब हमारी लड़ाई होगी और उनके खून से जमीन इस तरह लाल होगी, जैसे लाल झंडा? —बिरसा मुंडा

535. झारखंड में एक मात्र कृषि विश्वविद्यालय बिरसा कृषि विश्वविद्यालय की स्थापना कब हुई थी? —1980

536. झारखंड का कौन सा घाटी क्षेत्र औद्योगिक प्रदेश के रूप में जाना जाता है? —दामोदर घाटी

537. होड़ संवाद किस जनजातीय भाषा की पत्रिका है? —संथाली

538. जनजातियों के प्रधान ईश्वर का क्या नाम है? —सिंगबोंगा

539. छोटानागपुर कैथोलिक सभा की मुख्य माँग क्या थी? —छोटानागपुर अलग प्रांत

540. झारखंड में पुलिस मैनुअल किस वर्ष लागू हुआ था? —1861

541. कंपनी सरकार ने 1834 में अपना मुख्यालय कहाँ स्थापित किया था? —राँची

542. किस जिले में जनजातियों की जनसंख्या सबसे कम है? —कोडरमा

543. झारखंड लोक सेवा आयोग का गठन संविधान के किस अनुच्छेद के अंतर्गत किया गया था? —315

544. राँची विश्वविद्यालय की स्थापना किस वर्ष हुई थी? —1960

545. मुगल बादशाह अकबर के किस सेनापति के नेतृत्व में मुगल सेना ने 1589 ई. में पलामू के चेरोवंशी शासक भागपत राय (रणपत चोरूह) के विरुद्ध अभियान किया? —राजा मानसिंह के

546. बिरसा मुंडा का जन्म स्थान कहाँ है? —उलिहातू

547. 1857 के विद्रोह के दौरान पलामू में किसने विद्रोहियों का नेतृत्व किया? —नीलांबर शाही/पीतांबर शाही

548. झारखंड की जनजातियों में किस प्रजातीय समूह की अधिकता है? —प्रोटो-ऑस्ट्रेलायड

549. किस मिशन ने 1899 ई. में हजारीबाग में संत कोलंबा कॉलेज खोला, जो अविभाजित बिहार का सबसे पुराना कॉलेज है? —डब्लिन यूनिवर्सिटी मिशन

550. विश्व का सबसे बड़ा लाख निर्यातक केंद्र कहाँ है ? —टोरी

551. जयप्रकाश नारायण केंद्रीय कारा कहाँ अवस्थित है ? —हजारीबाग

552. जूट की भाँति झारखंड राज्य में उत्पादित रेशों को क्या कहा जाता है ? —मेस्ता

553. झारखंड के गठन के बाद कितने नए जिलों का गठन किया गया ?—छह

554. किस वर्ष में भारतीय संसद् ने झारखंड को अलग राज्य के रूप में बिहार पुनर्गठन का विधेयक पारित किया था ? —2000

555. झारखंड विकास मोरचा (प्रजातांत्रिक) के संस्थापक और राष्ट्रीय अध्यक्ष कौन हैं ? —बाबूलाल मरांडी

556. राष्ट्रीय आंदोलन के दौर में कहाँ से तलाशी के दौरान अंग्रेजों को हथियार एवं गोला-बारूद मिले ? —रोहिणी ग्राम

557. किसे 'धरती आबा' (धरती के पिता) कहा जाता है ? —बिरसा मुंडा

558. 'वंश प्रभा लेखन' ग्रंथ से किस वंश के पारिवारिक इतिहास पर प्रकाश पड़ता है ? —सिंहभूम के सिंह वंश का

559. राज्य में सर्वप्रथम किस जिले में हवाई अड्डे का निर्माण हुआ था ? —राँची

560. सबसे अधिक अनुसूचित जनजाति जनसंख्यावाला जिला कौन है ? —राँची

561. अलग झारखंड राज्य निर्माण संबंधी प्रस्ताव बिहार विधानसभा में किस वर्ष पारित हुआ था ? —1997

562. झारखंड के पहले सुसंगठित एवं व्यापक जनजातीय विद्रोह का क्या नाम था ? —कोल विद्रोह

563. अंग्रेजों ने 'दामिन-ए-एरा' और 'दामिन-ए-कोह' कानून किस जिले में लागू किया था ? —संथाल परगना

564. छिन्नमस्तिका मंदिर किस नदी के किनारे स्थित है ? —दामोदर-भैरवी (भेड़ा)

565. केंद्रीय ईंधन शोध संस्थान, जो प्रमुख शोध संस्थानों में से एक है, की स्थापना वर्ष 1945 में किस स्थान पर हुई थी ? —धनबाद

566. झारखंड का एकमात्र राष्ट्रीय उद्यान-बेतला राष्ट्रीय उद्यान किस जिले में स्थित है ? —लातेहार

567. झारखंड में सर्वाधिक अनुसूचित जाति प्रतिशतवाला जिला कौन है?
—चतरा

568. किस वर्ष राँची में म्यूनिस्पैलिटी स्थापित हुई थी? —1869

569. आदिवासी सभा का गठन कब हुआ था? —दिसंबर 1938

570. किस वन्य प्राणी आश्रायणी की घोषणा झारखंड में 1955 में की गई थी? —हजारीबाग

571. झारखंड की सीमा कितने राज्यों की सीमा से स्पर्श करती है? —5

572. 2011 की जनगणना के अनुसार झारखंड की जनजातीय आबादी का लिंगानुपात क्या है? —1003

573. 2016 में झारखंड में प्रति व्यक्ति दूध की उपलब्धता कितने ग्राम है?
—171 ग्राम प्रतिदिन

574. बोकारो जिले के किस स्थान से जैन तीर्थंकरों का एक समूह प्राप्त हुआ है? —टलुवारा

575. 'भारत का रूर प्रदेश' किसे कहा जाता है? —झारखंड

576. राष्ट्रीय स्वास्थ्य बीमा योजना के तहत लाभार्थी व्यक्ति को सहायता के रूप में कितनी बीमित राशि प्रदान की जाती है? —30,000

577. झारखंड में राज्य निर्माण की प्रक्रिया सर्वप्रथम किस जनजाति के लोगों ने शुरू की थी? —मुंडा

578. झारखंड की नई औद्योगिक नीति कब अधिसूचित की गई?
—1 मार्च, 2012

579. 'सिकनी कोयला परियोजना' झारखंड के किस जगह में स्थित है?
—लातेहार

580. कौन सा मेडिकल कॉलेज जमशेदपुर में स्थित है?
—एम.जी.एम. मेडिकल कॉलेज

581. प्रसिद्ध टैगोर हिल कौन से शहर की सरहद पर स्थित है? —राँची

582. दामोदर घाटी में मुख्य रूप से किस प्रकार की मिट्टी पाई जाती है?
—लाल मिट्टी

583. झारखंड से बहनेवाली दामोदर नदी को क्या कहा जाता था?
—बंगाल का शोक

584. क्षेत्रफल की दृष्टि से झारखंड का देश में कौन सा स्थान है? —16वाँ

585. आदिवासी पत्रिका के माध्यम से किसने जनजातीय रचनाकारों की कई पीढ़ी तैयार की थी? —राधाकृष्ण
586. आदिवासी महासभा के समानांतर सरना आदिवासियों ने किस संस्था की स्थापना की थी? —सनातन आदिवासी सभा
587. सरायकेला राज का सर्वप्रथम संपर्क अंग्रेजों के साथ किस वर्ष हुआ था? —1770
588. अंग्रेजों के विरुद्ध झारखंड के प्रथम जनजातीय विद्रोह-ढाल विद्रोह (1767-77 ई.) का नेतृत्व किसने किया? —जगन्नाथ ढाल
589. टाना भगत आंदोलन की शुरुआत कब हुई? —अप्रैल 1914
590. भारत छोड़ो आंदोलन (1942) के दौरान जय प्रकाश नारायण अपने पाँच साथियों के साथ किस जेल से पलायन करने में सफल रहे? —हजारीबाग जेल
591. झारखंड एरिया ऑटोनॉमस काउंसिल (जैक) का गठन कब किया गया था? —9 अगस्त, 1995
592. झारखंड निवासी ललित मोहन राय का नाम किस क्षेत्र से जुड़ा है? —चित्रकारी
593. झारखंड उच्च न्यायालय का देश में कौन सा स्थान है? —21वाँ
594. जादुपेटिया चित्रकारी किस जनजाति में विशेष लोकप्रिय है? —संथाल
595. 'झारखंड का अमृतपुत्र : मरङ गोमके जयपाल सिंह' (नाटक) के नाटककार का क्या नाम है? —गिरिधारी राम गौंझू 'गिरिराज'
596. बेनीसागर के शिव मंदिर का निर्माण किसने कराया था? —शशांक
597. संथाल विद्रोह कब हुआ था? —1855
598. झारखंड में कितने राज्य विधानसभा निर्वाचन क्षेत्र हैं? —81
599. किस त्योहार के दौरान गाँव का पुजारी गाँव के हर घर की छप्पर पर साल के फूल रखता है? —सरहुल
600. किस किले का निर्माण पूर्व-मुगल शासक राजा मेदनी राय द्वारा कराया गया था? —पलामू किला
601. राँची में आयोजित 12 फरवरी, 2011 से लेकर 26 फरवरी, 2011 तक चले 34वें भारतीय राष्ट्रीय खेल में झारखंड को कौन सा स्थान प्राप्त हुआ था? —5वाँ

602. झारखंड के किस जिला में अभ्रक (माइका) की सबसे बड़ी खान स्थित है? —कोडरमा

603. बिरसा मुंडा की जन्म जयंती कौन सी है? —15 नवंबर

604. झारखंड राज्य में कितने संसद् के सदस्य हैं? —20

605. झारखंड के किस जिले को 'भारत की अभ्रक राजधानी' के नाम से जाना जाता है? —कोडरमा

606. जनजातिय परामर्शी परिषद् के अध्यक्ष कौन होते हैं? —मुख्यमंत्री

607. झारखंड सरकार की 'कन्यादान योजना' के तहत कितनी राशि दी जाती है? —15,000

608. 1989 में अंग्रेजों के खिलाफ हथियार उठानेवाला पहला संथाल नेता कौन था? —बाबा तिलका माँझी

609. झारखंड की उप राजधानी कहाँ है? —दुमका

610. झारखंड में आयोजित 34वें राष्ट्रीय खेलों का उद्घाटन समारोह कहाँ आयोजित किया गया? —राँची

611. 'झारखंड का शिमला' किसे कहा जाता है? —राँची

612. सोहराई पर्व के नौ दिनों के बाद होनेवाले किस पर्व में धार्मिक प्रतीकात्मक चित्र बनाए जाते हैं? —देव उठान

613. जयपाल सिंह ने झारखंड पार्टी का विलय कांग्रेस पार्टी में कब किया था? —20 जून, 1963

614. अंग्रेजों के झारखंड प्रवेश के समय कौन नागवंशी राजा था? —दृपनाथ शाही

615. गया की निरंजना नदी के किनारे बोध प्राप्ति के बाद गौतम बुद्ध ने झारखंड के किस क्षेत्र में कठिन तपस्या की थी? —इटखोरी

616. झारखंड की कुल जनसंख्या की कितने प्रतिशत जनसंख्या जैन धर्मावलंबियों की है? —0.1

617. राष्ट्रीय रोजगार कार्यक्रम की शुरुआत वर्ष 2006 में कितने जिले से हुई थी? —बीस

618. छोटानागपुर उन्नति समाज (1915 ई.) के संस्थापक कौन थे? —जूएल लकड़ा

619. डोलोमाइट का सबसे अधिक उत्पादन करनेवाला जिला कौन है ?
—पलामू

620. झारखंड में यूरेनियम का भंडार कितने लाख टन है ? —40

621. झारखंड में अधिक खनिज पदार्थ किस प्रकार के शैल में मिलते हैं ?
—आर्कियन

622. सनातन आदिवासी सभा का नेता कौन था ? —ठेबले उराँव

623. लाफार्ज सीमेंट फैक्टरी कहाँ है ? —जमशेदपुर

624. राज्य में राजकीय उच्च मार्ग कितने किलोमीटर है ? —1231.00

625. गुप्तोत्तर काल में झारखंड क्षेत्र गौड़ के किस शासक के विस्तृत साम्राज्य का एक भाग था ? —शशांक

626. संथाल विद्रोह (1855–56) का दमन किसने किया ?
—कैप्टेन अलेक्जेंडर

627. 1857 के विद्रोह के क्रम में झारखंड में सर्वप्रथम कहाँ के सैनिकों ने 12 जून, 1857 को विद्रोह किया ? —रोहिणी

628. 1857 की क्रांति में संपूर्ण सिंहभूम क्षेत्र में क्रांतिकारियों के प्रमुख नेता कौन थे ? —राजा अर्जुन सिंह

629. कांग्रेस के रामगढ़ अधिवेशन (1940) की अध्यक्षता किसने की ?
—अबुल कलाम आजाद

630. झारखंड की एकमात्र नदी, जो बरसाती नदी नहीं है, कौन सी है ?
—सोन नदी

631. झारखंड का सबसे लंबा राष्ट्रीय राजमार्ग कौन सा है ? —एन.एच.-33

632. झारखंड विधानसभा में कुल सदस्यों की संख्या कितनी है ? —82

633. जी.ई.एल. मिशन का कब झारखंड में आगमन हुआ ? —1845 ई. में

634. झारखंड आंदोलन को आदिवासियों के आंदोलन से झारखंडियों के आंदोलन में बदलने का श्रेय किसे प्राप्त है ? —विनोद बिहारी महतो

635. किसने 13 जनवरी, 1784 ई. को अंग्रेज पुलिस अधिकारी ऑगस्टल क्लिवलैंड को तीर से मार गिराया ? —तिलका माँझी

636. झारखंड में रेल परिवहन का शुभारंभ कब से माना जाता है ?
—1860–62

637. तिलैया डैम किस नदी पर स्थित है? —बराकर

638. राजकीय वृक्ष का दरजा किस वृक्ष को प्राप्त है? — साल

639. झारखंड में कितने अनुमंडल हैं? —43

640. झारखंड में उर्स मेला कहाँ लगता है? —गुमला

641. झारखंड का भू-भाग प्राचीनतम गोंगवाना एवं प्रायद्वीपीय पठार के किस छोर पर स्थित है? —उत्तरी-पूर्वी

642. चतरा में कितना प्रतिशत अनुसूचित जाति निवास करती है? —32.7

643. संथाली जीवन पर आधारित पहला उपन्यास कौन है? —हाड़ाम वाक् वातो

644. काली मिट्टी किस तरह के शैलों से बनती है? —बैसाल्ट

645. नवरतनगढ़ किस नागवंशी राजा ने बनवाया था? —देवशाह

646. सबसे कम साक्षरता दर किस जिले में है? —पाकुड़

647. किसने उरदा के स्थान पर बादाम को रामगढ़ राज्य की राजधानी बनाया? —हेमंत सिंह

648. दिल्ली का वह सुल्तान कौन था, जिसने हजारीबाग में एक बड़े इलाके को जीतकर सतगाँवा को इस विजित क्षेत्र की राजधानी बनाया था?—फिरोज तुगलक

649. कोल विद्रोह (1831-32) का दमन किसने किया? —विलकिंसन

650. रामगढ़ अधिवेशन (19-20 मार्च, 1940) कांग्रेस का कौन सा वार्षिक अधिवेशन था? —53वाँ

651. दालमा अभयारण्य कहाँ स्थित है? —पूर्वी सिंहभूम

652. जादूगोड़ा (जादोगोड़ा) की यूरेनियम खदान झारखंड के किस जिले में स्थित है? —पूर्वी सिंहभूम

653. झारखंड का न्यूनतम अनुसूचित जाति प्रतिशतवाला जिला कौन सा है? —पाकुड़

654. झारखंड पंचायती राज अधिनियम कब पारित हुआ? —2001 ई. में

655. किसने 1907 ई. में साकची में टिस्को की स्थापना कर भारतीय उद्योग को एक नई दिशा दी? —जमशेदजी टाटा

656. आदिम जनजातियों को शत-प्रतिशत आवास उपलब्ध कराने के उद्देश्य से कौन सी योजना प्रारंभ की गई है? —बिरसा मुंडा आवास योजना

657. झारखंड राज्य के गठन के बाद कौन से छह नए जिले बनाए गए? —लातेहार, सिमडेगा, जामताड़ा, खूँटी, रामगढ़, सरायकेला

658. बिरसा मुंडा का जन्म कब हुआ था। —15 नवंबर, 1875

659. झारखंड की साक्षरता दर क्या है? —66.4 प्रतिशत

660. कोयलकारो जल विद्युत् परियोजना किस राज्य में है? —झारखंड

661. कौन से शहर को टिस्को और टेल्को शहर के रूप में जाना जाता है? —जमशेदपुर

662. झारखंड के जनगणना महानिदेशक कौन हैं, जिनके नेतृत्व में जनगणना 2011 की रिपोर्ट जारी की गई? —सुनील कुमार वर्णवाल

663. झारखंड में चावल अनुसंधान केंद्र किस जिले में स्थित है?—हजारीबाग

664. किस नदी घाटी पर मैथन और पंचेत हाइड्रल पावर स्टेशन स्थित है? —बराकर

665. कोनार कुंड प्रोजेक्ट झारखंड के किस जिले में स्थित है? —गिरिडीह

666. किस राष्ट्रीय नेता को होमरूल आंदोलन के सिलसिले में राँची में 31 मार्च, 1916 से लेकर 31 दिसंबर, 1919 तक नजरबंद किया गया था? —अबुल कलाम आजाद

667. बेतला राष्ट्रीय उद्यान मुख्यत: किस जिले में अवस्थित है? —लातेहार

668. चौथा हॉकी इंडिया लीग, 2016 का फाइनल झारखंड के किस जिले में संपन्न हुआ? —राँची

669. झारखंड के अरण्य प्रभाग का वृहत्तम संरक्षित अरण्य क्षेत्र कौन सा है? —सारंडा

670. झारखंड विधानसभा में सदस्यों की कुल संख्या कितनी है? —82

671. चौथा हॉकी इंडिया लीग, 2016 के विजेता कौन है? —जेपी पंजाब वारियर्स

672. झारखंड में अन्नपूर्णा योजना के अंतर्गत केंद्रीय सहायता कितनी उम्र तक प्रदान की जाती है। —65 वर्ष

673. दाऊद खाँ की मसजिद झारखंड के किस जिले में स्थित है? —लातेहार

674. झारखंड राज्य के प्रथम मुख्यमंत्री का नाम क्या है? —बाबू लाल मरांडी
675. एच.ई.सी. (हैवी इंजीनियरिंग कॉरपोरेशन) झारखंड के किस स्थान स्थित है? —हटिया
676. झारांड में टाना भगत किसके नेतृत्व में असहयोग आंदोलन में भाग लेकर पहली बार स्वतंत्रता आंदोलन में शामिल हुए? —सिद्धू भगत
677. बिरसा मुंडा ने किस वर्ष अपने को सिंगबोंगा का दूत (पैगंबर के समतुल्य) घोषित किया? —1895
678. सरायकेला रियासत के संस्थापक का क्या नाम था? —विक्रम सिंह
679. राज्य सरकार के सूचना केंद्र का नाम क्या है? —झारनेट
680. झारखंड में एक मात्र गैस टरबाइन पर आधारित विद्युत् उत्पादन केंद्र का क्या नाम है? —मैथन जल विद्युत् केंद्र
681. झारखंड के खनिजों से होनेवाली कुल आय का कितना प्रतिशत कोयला से प्राप्त होता है? —75
682. हुंडरू जलप्रपात किस जिले में है? —राँची
683. झारखंड में सर्वाधिक मात्रा में किस प्रकार की मिट्टी पाई जाती है? —लाल मिट्टी
684. जतरा टाना भगत ने किस वर्ष शुद्धि आंदोलन की शुरुआत की थी? —1914
685. छोटानागपुर के पूर्व कमिश्नर कर्नल डॉल्टन ने 1850 से पहले पलामू के किस स्थान से प्राचीन जैन मंदिर का अवशेष देखा था? —पकवीरा
686. बौद्धकालीन 'झारखंड धाम' किस जिले में अवस्थित है? —गिरिडीह
687. ओरमाँझी के जमींदार उमराव सिंह एवं उनके दीवान शेख भिखारी को 8 जनवरी, 1858 ई. को कहाँ फाँसी दी गई? —राँची, चुटुपालू घाटी
688. झारखंड राज्य का कुल क्षेत्रफल 79,714 वर्ग किमी. है, जो भारत के कुल क्षेत्रफल का कितना प्रतिशत होगा? —2.42 प्रतिशत
689. मैथन जिल विद्युत् केंद्र झारखंड के किस जिले में स्थित है? —धनबाद
690. झारखंड में अनुसूचित जातियों का प्रतिशत कितना है? —12.1 प्रतिशत
691. दुमका का हिजला मेला किस नदी के तट पर आयोजित किया जाता है? —मयूराक्षी

692. जनसंख्या की दृष्टि से झारखंड का कौन सा प्रमंडल सबसे छोटा है? —पलामू

693. झारखंड की पूर्व से पश्चिम तक चौड़ाई कितनी है? —463 किमी.

694. झारखंड में कृषि की नीची भूमि को क्या कहा जाता है? —दोन

695. भारत में उपलब्ध खनिजों के संचित भंडार का लगभग कितना प्रतिशत झारखंड में केंद्रित है? —30-35 प्रतिशत

696. पोरहाट के किस राजा ने 1857 के सिपाही विद्रोह में विद्रोहियों को साथ दिया था? —अर्जुन सिंह

697. पांडे गणपत राय को कब फाँसी पर चढ़ाया गया था? —21 अप्रैल, 1858

698. झारखंड का कुल क्षेत्रफल कितने वर्ग किलोमीटर है? —79714

699. किस जनजाति समाज में महिलाएँ शव का अंतिम संस्कार करने के लिए पुरुषों के साथ जाती हैं? —करमाली

700. झारखंड में कितने प्रमंडल हैं? —5

701. झारखंड की सबसे बड़ी नदी कौन है? —दामोदर

702. मक्का की फसल किस जिले में सर्वाधिक होती है? —पलामू

703. डुंबारी (शैल रकब) पहाड़ी किस मुंडा सरदार से संबंधित है? —बिरसा मुंडा

704. सीमा सुरक्षा बल प्रशिक्षण केंद्र एवं स्कूल झारखंड में कहाँ स्थित है? —मेरू (हजारीबाग)

705. झारखंड में विस्फोटक कारखाना कहाँ है? —गोमिया

706. रामपुर (वर्तमान रामगढ़) की लड़ाई (1575 ई.) में किसने किसको पराजित किया?
—बादशाह अकबर की सेना ने मुगल विरोधी अफगान जुनैद कार्रानी को

707. झारखंड में साक्षरता की दर, जो 2001 में 54.13 प्रतिशत थी, वह 2011 में बढ़कर कितने प्रतिशत हो गई? —66.40

708. वर्तमान में झारखंड में कृषि श्रमिकों का प्रतिशत कितना है? —45 प्रतिशत

709. झारखंड राज्य अपनी दक्षिणी सीमा किस राज्य के साथ बाँटता है? —उड़ीसा

710. सन् 1855 में किन दो भाइयों के नेतृत्व में संथाल विद्रोह फूट पड़ा था?
—सिद्धो मुर्मू और कान्हू मुर्मू

711. झारखंड की किस शख्सियत को वर्ष 2010 में कला के क्षेत्र में उनके योगदान के लिए पद्मश्री पुरस्कार से सम्मानित किया गया?
—राम दयाल मुंडा

712. चौथा हॉकी इंडिया लीग, 2016 का उप विजेता कौन है?
—कलिंगा लान्सर्स

713. किस राज्य का संस्थापक 'गोमुखी राजा' के नाम से जाना जाता था?
—पंचेत राज्य

714. अंग्रेजी नीति के कारण किस वर्ष से जागीरदारों और रैयतों के बीच जमीन को लेकर विवाद शुरू हुआ? —1858

715. कांग्रेस का 53वाँ अधिवेशन झारखंड के किस जिले में हुआ था?
—रामगढ़

716. झारखंड के किस जनजाति में सर्वाधिक साक्षरता है? —उराँव

717. 'लील खोर खे खेल' पुस्तक में उराँव जनजाति के कितने लोकगीत संग्रहीत हैं? —26 सौ

718. झारखंड में सर्वप्रथम राष्ट्रीय रोजगार कार्यक्रम कब लागू हुआ?
—2 फरवरी, 2006

719. भारत में सबसे पहले लोहा और इस्पात कारखाना कहाँ खुला था?
—जमशेदपुर

720. जनगणना 2011 के अंतिम आँकड़ों के अनुसार झारखंड के किस जिले का लिंगानुपात सबसे कम है? —धनबाद

721. किस आण्विक खनिज का एकमात्र उत्पादक झारखंड राज्य है?
—यूरेनियम और पाइराइट

722. टाटा आयरन ऐंड स्टील कंपनी की स्थापना कब हुई थी? —1907 में

723. चित्रकला की कला 'जादो पटिया' किस जनजाति की विशेषता है?
—संथाल

724. झारखंड का विधानसभा किस भवन को बनाया गया है? —लेनिन हॉल

725. कोल्हान राज में विल्किंसन रूल कब से लागू हुआ? —1836

726. झारखंड में उन्नति समाज की स्थापना किस वर्ष हुई थी? —1915

727. झारखंड के कुल जनसंख्या का कितना प्रतिशत अनुसूचित जनजाति है? —26.2

728. 'बाँसुरी बज रही' नामक पुस्तक के लेखक कौन हैं? —जगदीश त्रिगुणायत

729. राज्य में उपलब्ध सतही जल के कितने प्रतिशत का उपयोग होता है? —23.4

730. झारखंड के किस जिले में सबसे बड़ा खुला वन है? —गुमला

731. पारसनाथ पहाड़ (श्रीसम्मेद जी) पर कितने जैन तीर्थंकरों ने निर्वाण प्राप्त किया था? —21

732. राँची स्थित तंत्रिका मनोचिकित्सा एवं संबद्ध विज्ञान संस्थान की स्थापना कब हुई थी? —1925 में

733. स्वर्णरेखा परियोजना कितने राज्यों की परियोजना है? —3

734. संथाली भाषा संविधान की 8वीं अनुसूची में किस वर्ष में आई? —2003

735. झारखंड के किस जिले में गौतम बुद्ध वन्य जीवन अभयारण्य स्थित है? —कोडरमा

736. झारखंड में किस स्थान पर उच्च न्यायालय स्थित है? —राँची

737. झारखंड में कृषि कार्य में कितने प्रतिशत भूमि का उपयोग होता है? —23 प्रतिशत

738. नागवंशी राजा ने सर्वप्रथम नवरत्न नामक पंचमंजिला भवन का निर्माण किस स्थान पर करवाया था? —दोयसा

739. देवघर स्थित प्रसिद्ध शिव मंदिर का निर्माण किस शासक ने कराया? —पूरनमल

740. 'धुमकुरिया' किस जनजाति की सामाजिक संस्था है? —उराँव

741. जनसंख्या की दृष्टि से झारखंड का सर्वाधिक छोटा जिला कौन सा है? —लोहरदगा

742. झारखंड की एकमात्र नदी कौन सी है, जो स्वतंत्र रूप से बंगाल की खाड़ी में गिरती है? —स्वर्ण रेखा नदी

743. छोटानागपुर संयुक्त संघ (1954 ई.) की स्थापना किसने की? —सुखदेव महतो
744. ईसाई बनने के बाद जयपाल सिंह का नाम क्या हो गया? —ईश्वर दास
745. भोगता विद्रोह (1771) का नेतृत्व किसने किया? —जयनाथ सिंह
746. रामगढ़ राज्य के किस शासक ने पदमा को अपनी राजधानी बनाया? —ब्रह्मदेव नारायण सिंह
747. जयपाल सिंह के सांस्कृतिक गुरु कौन थे? —सुकरा पाहन
748. किस रामगढ़ राजा ने अंग्रेजों का कड़ा विरोध किया था? —मुकुंद सिंह
749. भूमिज नेता गंगा नारायण सिंह का विद्रोह कब शुरू हुआ था? —26 अप्रैल, 1832
750. क्रांतिकारी संगठन युगांतर समिति के प्रमुख यदुगोपाल मुखर्जी को किस वर्ष बंगाल से निष्कासित कर राँची भेज दिया गया था? —1928
751. अनुसूचित जनजाति की दृष्टि से झारखंड का स्थान भारत में क्या है? —6वाँ
752. 'मुंडाज ऐंड देयर कंट्री' नामक पुस्तक के लेखक कौन हैं? —शरदचंद्र राय
753. नागवंशी राजाओं की राजधानी सुतियांबे कहाँ है? —राँची
754. दामोदर घाटी निगम की स्थापना किस वर्ष हुई थी? —1948
755. 'झारखंड' शब्द का प्रथम पुरातात्त्विक उल्लेख किसमें मिलता है? —13वीं सदी ई. के एक तामपत्र में।
756. सरदारी लड़ाई का विलय अंततः किस आंदोलन में हो गया? —मुंडा उलगुलान
757. 2011 की जनगणना के अनुसार झारखंड का देश में कौन सा स्थान है? —14वाँ
758. झारखंड में बिरसा मुंडा हवाई अड्डा कहाँ स्थित है? —राँची
759. झारखंड की प्रथम राजभाषा क्या है? —हिंदी
760. झारखंड में आनेवाला प्रथम ईसाई मिशन कौन है? —गोस्सनर इवेंजेलिकल लुथरन (जी.ई.एल.) मिशन
761. सन् 1872 ई. की पहली जनगणना में झारखंड के कितने जनजातियों को सूचीबद्ध किया गया था? —18

762. झारखंड बनते समय राज्य में कितने जिले थे? —18

763. झारखंड विधानसभा का प्रथम प्रोटेम स्पीकर कौन थे? —डॉ. विशेश्वर खाँ

764. झारखंड में किस जनजाति को 32वें जनजाति के रूप में 2003 में मान्यता मिली? —कोल

765. जमशेदपुर शहर की स्थापना किसने की? —जमशेदजी नशरवानजी टाटा

766. झारखंड का सबसे पश्चिमी जिला कौन है? —गढ़वा

767. झारखंड के किस जिले में बाघों के लिए संरक्षित वन स्थित है? —लातेहार

768. झारखंड के स्वतंत्रता सेनानी बिरसा मुंडा का जन्म किस वर्ष में हुआ था? —1875

769. झारखंड में सर्वाधिक महिला साक्षरता वाला जिला कौन है? —राँची

770. रेडिकल डेमोक्रेटिक पार्टी की स्थापना किसने की है? —एम.एन. राय

771. झारखंड मुक्ति मोरचा का गठन कब हुआ था? —4 फरवरी, 1973

772. झारखंड में व्यक्तिगत सत्याग्रह कार्यक्रम किस वर्ष से शुरू हुआ था? —1940

773. जयपाल सिंह का विवाह भारतीय राष्ट्रीय कांग्रेस के प्रथम अध्यक्ष व्योमेशचंद्र बनर्जी की पुत्री से हुआ था, उनका नाम क्या था? —तारा मजूमदार

774. झारखंड क्षेत्र का सर्वप्रथम उल्लेख मिलता है? —ऐतरेय ब्राह्मण में

775. झारखंड विधानसभा का प्रथम उपाध्यक्ष कौन है? —बागुन सुम्ब्रई

776. झारखंड में किस स्थापत्य का निर्माण 1815 ई. में एडवर्ड टम्प की स्मृति में कराया गया? —भगवा कुआँ

777. झारखंड के किस जनजातीय समूह द्वारा लिखने के लिए 'ओल चिकी' लिपि का प्रयोग किया जाता है? —संथाल

778. किसके समय में छोटानागपुर खास के नागवंशी राज्य की राजधानी दोइसा (डोइसा) से पालकोट स्थानांतरित की गई? —यदुनाथ शाह

779. लाको बोदरा किस जनजातीय भाषा के रचनाकार थे? —हो

780. राष्ट्रपति से कब झारखंड राज्य विधेयक को मंजूरी मिली? —25 अगस्त, 2000

781. झारखंड की मुख्य फसल क्या है? —धान

782. 1908 के छोटानागपुर काश्त अधिनियम ने किस प्रथा पर रोक लगाई? —बेठ बेगारी पर

783. 2011 के जनगणना के अनुसार झारखंड का सर्वाधिक लिंगानुपातवाला जिला कौन सा है? —पश्चिमी सिंहभूम

784. झारखंड का प्रथम अंग्रेजी दैनिक पत्र कौन सा है? —डेली प्रेस

785. रातू किला का संबंध किस वंश के राजा से है? —नागवंशी राजा

786. कोल्हुआ झील कहाँ है? —चतरा

787. संथाली भाषा पर लिखी गई प्रथम पुस्तक 'एन इंट्रोक्शन टू दि संताल लैंग्वेज' किस वर्ष लिखी गई थी? —1852

788. कौन सी जनजाति छत्तीसगढ़ से आकर झारखंड में बसी है? —कँवर

789. सबसे अधिक जनसंख्या वाला जिला कौन है? —राँची

790. छोटानागपुर टेनेंसी कानून किस वर्ष बनाया गया? —1908

791. राज्य में राष्ट्रीय राजमार्ग की लंबाई कितने किलोमीटर है? —2649.00

792. मेदिनीनगर केंद्रीय कारा कहाँ अवस्थित है? —पलामू

793. झारखंड में वनक्षेत्र का प्रतिशत इसके कुल क्षेत्र का कितना है? —29.61 प्रतिशत

794. किस स्थान पर स्वर्णरेखा नदी 320 फीट की ऊँचाई से गिरती है? —हुंडरू जलप्रपात

795. छोटानागपुर का पठार एक महाद्वीपीय पठार है। दामोदर द्रोण किस दो पठार के बीच द्रोण बनाता है? —राँची और हजारीबाग का पठार

796. झारखंड में मनाया जानेवाला संथाल का एक लोकप्रिय जनजातीय त्योहार कौन सा है? —सरहुल

797. बिहार के कितने प्रतिशत भू-भाग को काटकर झारखंड राज्य का निर्माण किया गया? —45.80

798. पशु पर्व से संबंध रखनेवाली चित्रकारी कौन सी है? —सोहराय

799. विधानसभा के दो सत्रों के बीच कितने महीने से अधिक का अंतराल नहीं होना चाहिए? —6

800. झारखंड के किस जिले में अनुसूचित जनजाति की सबसे कम जनसंख्या पाई जाती है? —कोडरमा

801. किसकी मध्यस्थता से 1928 ई. में टाटा मजदूरों की करीब साढ़े तीन महीने लंबी हड़ताल समाप्त हो सकी? —सुभाषचंद्र बोस
802. जाबरा पहाड़िया किसका उपनाम था? —तिलका माँझी
803. कनाडा डैम का निर्माण किस देश की सहायता से किया गया है? —कनाडा
804. अरहर की खेती किस जिले में सर्वाधिक की जाती है? —पलामू
805. झारखंड का कुल जन संसाधन कितने घनमीटर अनुमानित है? —28,781
806. झारखंड में असहयोग आंदोलन की शुरुआत किस तरह हुई थी? —राँची हड़ताल से
807. कुल कृषि भूमि के सिंचित क्षेत्र का प्रतिशत कितना है? —12.1
808. राज्य में कितने प्रतिशत संरक्षित वन हैं? —18.58
809. झारखंड का सबसे ऊँचा पर्वत कौन सा है? —पारसनाथ
810. दलमा पहाड़ी कहाँ है? —जमशेदपुर
811. खनिज उत्पादन की दृष्टि से झारखंड का भारत में कौन सा स्थान है? —प्रथम
812. झारखंड में कोयला निकालनेवाली पहली कंपनी कौन सी थी? —बंगाल कोल कंपनी
813. महामाया मंदिर (908 ई.) के प्रथम पुरोहित हरिनाथ कैसे ब्राह्मण थे? —मराठा ब्राह्मण
814. पलामू के चेरो वंश की स्थापना कब हुई? —16वीं सदी ई.
815. किसने मुगल-अफगान संघर्ष (1530-40) के दौरान झारखंड क्षेत्र का कई बार उपयोग किया? —शेरशाह
816. झारखंड के किस विद्रोह को अंग्रेजों ने 'गंगा नारायण का हंगामा' की संज्ञा दी? —भूमिज विद्रोह
817. किसे 'हजारीबाग का जतिन बाघा' कहा जाता है? —राम विनोद सिंह
818. संविधान सभा में छोटानागपुर के कौन से आदिवासी नेता सदस्य थे? —जयपाल सिंह
819. झारखंड का सर्वाधिक वन भूमिवाला जिला कौन सा है? —पश्चिमी सिंहभूम

820. टेल्को (टाटा इंजीनियरिंग ऐंड लोकोमोटिव कंपनी) कहाँ स्थित है ? —जमशेदपुर

821. झारखंड में किस धर्म को माननेवालों की संख्या सर्वाधिक है ? —हिंदू

822. झारखंड का सबसे बड़ा संसदीय क्षेत्र कौन सा है ? —पश्चिमी सिंहभूम

823. पाँच परगना क्षेत्र में प्रचलित भाषा का क्या नाम है ? —पंचपरगनिया

824. पलामू जिला का गठन कब हुआ ? —2 जुलाई, 1928

825. 2011 की जनगणना के अनुसार झारखंड की आबादी कितनी है ? —3 करोड़ 29 लाख

826. पद्मा का किला किस जिले में स्थित है ? —हजारीबाग

827. भाद्र महीने के शुक्ल पक्ष के 11वें दिन कौन सा त्योहार मनाते हैं ? —करम

828. जनसंख्या की दृष्टि से झारखंड का कौन सा प्रमंडल सबसे बड़ा है ? —उत्तरी छोटानागपुर

829. झारखंड का सबसे प्रसिद्ध लोक नृत्य क्या है ? —छऊ नृत्य

830. झारखंड का सर्वाधिक वर्षा का क्षेत्र कौन सा है ? —नेतरहाट का पठार

831. कंपनी काल में झारखंड की कौन सी जनजाति 'लड़ाका कोल' के नाम से प्रसिद्ध थी ? —हो

832. रजरप्पा स्थित छिन्नमस्तिका मंदिर क्या है ? —तांत्रिक पीठ

833. सफाहोड़ आंदोलन का नेतृत्व किसने किया ? —लाल हेंब्रम (लाल बाबा)

834. बिरसा आंदोलन का मुख्य केंद्र कहाँ था ? —खूँटी

835. झारखंड भारत के किस भाग में स्थित है ? —उत्तर-पूर्वी

836. पतरातु ताप विद्युत् गृह किस जिले में स्थित है ? —रामगढ़

837. मुरी किस उद्योग का एक प्रमुख केंद्र है ? —एल्युमीनियम

838. झारखंड का न्यूनतम अनुसूचित जनजाति प्रतिशतवाला जिला कौन सा है ? —कोडरमा

839. झारखंड विधानसभा में अनुसूचित जनजातियों के लिए कितनी सीटें आरक्षित हैं ? —28

840. राज्य का उच्चतम विधि अधिकारी कौन होता है ? —महाधिवक्ता

841. सरहुल पर्व किस दिन मनाया जाता है ? —चैत महीने के शुक्ल पक्ष की तृतीया को

842. किस भाषा के लिए ओलचिकी लिपि आविष्कृत की गई है ? —संथाली

843. झारखंड का प्रथम अशोक चक्र प्राप्तकर्ता कौन थे ? —रणधीर वर्मा

844. झारखंड राज्य में कहाँ साइंस सिटी की स्थापना कहाँ की गई है ?—राँची

845. झारखंड के किस स्थान पर 500 फीट ऊँचा भुवनेश्वरी मंदिर स्थित है ? —जमशेदपुर

846. झारखंड का कुल कितने प्रतिशत क्षेत्र वन क्षेत्र के अधीन आता है ? —29.61 प्रतिशत

847. झारखंड की प्रथम कैबिनेट महिला मंत्री कौन थी ? —जोबा माँझी

848. किसने 1778 ई. में झारखंड क्षेत्र के प्रशासन हेतु एक वृहद् योजना प्रस्तुत की ? —रॉबट ब्रॉउन

849. सन् 1779 ई. में झारखंड में पहली बटालियन कहाँ स्थापित की गई थी ? —रामगढ़

850. झारखंड में स्थापित पहली बटालियन का प्रशासक किसे नियुक्त किया गया था ? —चैपमेन

851. घासी सिंह किस पीर का नेता था ? —गुमला पीर

852. कोल विद्रोह के समय कर्रा स्टेट के मैनेजर कौन थे ? —जग्गू दीवान

853. खरसावाँ के ठाकुर ने गंगा नारायण के सिर को काटकर किस अंग्रेज अधिकारी के पास भेजा था ? —कैप्टन विलकिंसन

854. झारखंड क्षेत्र का पहला नागरिक प्रशासक कौन था ? —कैप्टन विलकिंसन

855. संथाल विद्रोह का दमन किसने किया था ? —जनरल लाईड

856. कार्ल मार्क्स ने किस विद्रोह को 'भारत की प्रथम जनक्रांति' कहा था ? —संथाल विद्रोह

857. संथाल परगना के प्रथम उपायुक्त कौन थे ? —सर ऐशली एडेन

858. संथाल परगना में किस वर्ष पुलिस रूल (पुल रूल) की व्यवस्था की गई ? —1856 ई.

859. सफाहोड़ आंदोलन कब प्रारंभ हुआ ? —1870 ई.

860. बिरसा मुंडा ने धर्मांतरण कब कराया था ? —7 मई, 1886

861. 1857 ई. के क्रांति के समय छोटानागपुर का कमिश्नर कौन था?
—डाल्टन

862. 1857 ई. के विद्रोह के समय धनबाद का उपायुक्त कौन थे?
—कैप्टन ओकस

863. सफाहोड़ आंदोलन के जन्मदाता कौन थे?—लाल हेंब्रम उर्फ लाल बाबा

864. बिरसा की सेनापति कौन थे? —गया मुंडा

865. मुक्ति वाहिनी सेना का सेनापति किसे नियुक्त किया गया?
—पांडे गणपत राय

866. झारखंड आंदोलन का जन्मदाता किसे माना जाता है? —जे. बार्थोलमन

867. विनोद बिहारी महतो ने किस समाज की स्थापना की थी?
—शिवाजी समाज

868. शिबू सोरेन ने किस समाज की स्थापना की थी?—सोनोत संथाल समाज

869. बाईबल का संथाली में अनुवाद किसने किया? —रेव रेंड कैनोन कोल

870. बिरसा मुंडा ने धर्मांतरण कहाँ कराया था?
—चाईबासा के लुथरन मिशन में

871. ईसाई धर्म में दीक्षित होने के बाद बिरसा मुंडा का नाम क्या रखा गया?
—दाऊद

872. मुक्ति वाहिनी सेना के संस्थापक कौन थे? —ठाकुर विश्वनाथ सहदेव

873. डॉ. कैंपवेल को कौन सी उपाधि से विभूषित किया गया?
—कैसर-ए-हिंद एवं संथालों का देवदूत

874. बाईबल का हिंदी में अनुवाद किसने किया? —फादर कामिल बुल्के

875. बाईबल का नागपुरी में अनुवाद किसने किया? —पी. इड्रनेस

876. लालबाबू के नाम से कौन जाने जाते हैं? —राधाकृष्ण

877. बड़ी दादी के नाम से कौन जानी जाती है? —सरोजा अय्यर

878. सिस्टर निर्मला के नाम से कौन जानी जाती हैं? —कुसुम जोशी

879. झारखंड का एक मात्र योद्धा कौन है, जिन्हें मरणोपरांत सर्वोच्च सम्मान परमवीरचक्र से सम्मानित किया गया है? —अल्बर्ट एक्का

880. पद्मश्री से सम्मानित केदार नाथ साहू का संबंध किस नृत्य से है?
—छऊ नृत्य

881. विश्व युवा शतरंज प्रतियोगिता जीतने वाला झारखंड का पहला खिलाड़ी कौन है? —दीप सेनगुप्ता
882. बरसो पानी गुफा कहाँ स्थित है? —बड़कागाँव (हजारीबाग)
883. हिजला मेला किस नदी के तट पर लगता है? —मयूराक्षी नदी के
884. हिजला मेला प्रारंभ कराने का श्रेय किसे है? —कास्टैयर्स को (1890)
885. रोहिलो का किला कहाँ स्थित है? —जपला, पलामू
886. बादम किला कहाँ स्थित है? —हजारीबाग
887. पालकोट राजमहल कहाँ स्थित है? —गुमला
888. सैनिक स्कूल तिलैया की स्थापना कब हुई थी? —16 सितंबर, 1963
889. झारखंड की कौन सी अल्पसंख्यक अनुसूचित जनजाति है? —किसान
890. सैनिक स्कूल तिलैया की किसने की थी?—ले. कर्नल एल.ई.जी. स्मिथ
891. झारखंड में सेंट्रल जेल की संख्या कितनी है? —5
892. राँची संग्रहालय की स्थापना कब हुई? —1972 ई.
893. झारखंड के किस जिले को राष्ट्रीय साक्षरता मिशन पुरस्कार दिया गया? —पाकुड़
894. कार्तिक उराँव विश्व के किस प्रमुख परमाणु विद्युत् संयंत्र के डिजायनर थे? —हिमंटले पवॉइंट
895. शिबू सोरेन द्वारा 'सोनोत संथाल समाज' का गठन कब किया गया? —1970 ई.
896. महेंद्र सिंह धोनी ने अपना पहला एकदिवसीय मैच किस देश के विरुद्ध खेला? —बांग्लादेश
897. महेंद्र सिंह धोनी ने अपना पहला टेस्ट मैच किस देश के विरुद्ध खेला? —पाकिस्तान
898. झंझाइन लोकगीत महिलाएँ किस अवसर पर गाती हैं? —जन्म के समय
899. टेस्ट क्रिकेट में सबसे तेज शतक बनाने का रिकॉर्ड किस विकेटकीपर-बल्लेबाज के नाम है? —महेंद्र सिंह धोनी
900. दक्षिणी छोटानागपुर प्रमंडल में कितने जिले सम्मिलित हैं? —5

□

प्रैक्टिस सैट

Set-1

1. झारखंड में चुआड़ विद्रोह कहाँ हुआ?
2. किस वृक्ष को 'पर्णपाती (पतझड़) वनों का राजा' कहा जाता है?
3. झारखंड का अंग्रेजों के विरुद्ध प्रथम जनजातीय विद्रोह कौन सा था?
4. झारखंड के विधानसभा (2014) में राज्यपाल द्वारा मनोनीत एंग्लो इंडियन सदस्य का नाम क्या है?
5. पहाड़िया विद्रोह में कहाँ की रानी ने सहयोग दिया?
6. कौन सा फल 'अमृत फल' कहलाता है?
7. चेरो ब्रिदोह के नेतृत्वकर्ता भेखन सिंह को किस वर्ष फाँसी दी गई?
8. संयुक्त राष्ट्र शांति पदक से सम्मानित होनेवाले झारखंड के प्रमुख छायाकार कवि का नाम क्या था?
9. पलामू परगना को नीलाम करने के पश्चात् अंगेजों ने इसके शासन की जिम्मेवारी किस राजा को दी थी?
10. झारखंड को भारत के कला-क्षेत्र में महत्त्वपूर्ण स्थान दिलाने वाले कलाकार हरेन ठाकुर किस कला से संबंधित हैं?
11. भारदेव के राजा घनश्याम सिंह एवं ब्रिटिश कंपनी के विरुद्ध 1817 ई. में किस जनजाति ने विद्रोह किया?
12. छोटानागपुर के 'हो' लोगों ने किस वर्ष जबरदस्त विद्रोह किया?
13. 2016 में झारखंड में ईसाई धर्म माननेवालों की संख्या कितनी प्रतिशत है?
14. हो विद्रोह किस क्षेत्र में हुआ?
15. प्रसिद्ध अंतर्राष्ट्रीय कत्थक नृत्यांगना उल्का सिंह का संबंध किस राज्य से है?

16. झारखंड विधानसभा के विपक्ष के प्रथम नेता का नाम क्या है ?
17. झारखंड की प्रथम महिला कैबिनेट मंत्री का नाम क्या है ?
18. मदन मोहन मंदिर के नाम से किस मंदिर को जाना जाता है ?
19. झारखंड के प्रथम मुख्य न्यायाधीश का नाम क्या था ?
20. कँवर जनजाति में वधू-मूल्य को क्या कहा जाता है ?

उत्तरमाला

1. वीरभूम, **2.** साल, **3.** ढाल विद्रोह, **4.** ग्लैन जोसेफ गोलस्टोन, **5.** महेशपुर की रानी, **6.** आम, **7.** 1802, **8.** सचिन दा, **9.** घनश्याम सिंह, **10.** चित्रकला, **11.** चेरो, **12.** 1820-21 ई., **13.** 9.41 प्रतिशत, **14.** सिंहभूम, **15.** झारखंड, **16.** स्टीफन मरांडी, **17.** जोबा माँझी, **18.** बोरैया मंदिर, **19.** विनोद कुमार गुप्ता, **20.** सुकदाम

□

Set-2

1. झारखंड के प्रथम पुलिस महानिदेशक का नाम क्या था?
2. चुटिया मंदिर का निर्माण किसने करवाया था?
3. झारखंड के प्रथम मुख्य सचिव का नाम क्या था?
4. झारखंड राज्य महिला आयोग की प्रथम अध्यक्ष कौन थीं?
5. अशोक चक्र से सम्मानित झारखंड के प्रथम पुलिस अधिकारी का नाम क्या था?
6. हरिबाबा आंदोलन (1931 ई.) के प्रणेता का मूल नाम क्या था?
7. डोरंडा सैनिक विद्रोह का नेतृत्व किसने किया था?
8. बेदिया जनजाति में विजातीय विवाह को क्या कहा जाता है?
9. झारखंड का प्रथम बिजलीघर किस स्थान पर स्थापित हुआ?
10. माउंट एवरेस्ट पर चढ़ने वाली झारखंड की पहली महिला का नाम क्या है?
11. परमवीर चक्र सम्मानित अलबर्ट एक्का किस ब्रिगेड से संबंधित थे?
12. बिहार के मुगल सूबेदार इतिकाद खाँ ने पलामू के चेरोवंशी शासक प्रताप राय के विरुद्ध आक्रमण और संधि कब की?
13. दक्षिण-पश्चिम सीमांत एजेंसी के प्रथम एजेंट कौन थे?
14. भारत का ताँबा गलाने का सबसे बड़ा कारखाना झारखंड के किस स्थान पर है?
15. भूमिज विद्रोह का नेतृत्व किसने किया?
16. 1660 ई. में बिहार के किस मुगल सूबेदार ने पलामू किले पर आक्रमण कर उसे जीता?
17. भूमिज विद्रोह कहाँ हुआ?
18. भूमिज विद्रोह का नायक गंगा नारायण सिंह किसका पुत्र था?

19. गोंड जनजाति द्वारा की जानेवाली स्थानांतरित कृषि को क्या कहा जाता है ?
20. करमाली जनजाति किस नदी को पवित्र नदी मानते हैं ?

उत्तरमाला

1. शिवाजी महान कैरे, **2.** राजा रघुनाथ शाह, **3.** विजय शंकर दूबे, **4.** लक्ष्मी सिंह, **5.** रणधीर वर्मा, **6.** दुका हो, **7.** गणपत राय, **8.** ठुकुर ठेनी, **9.** तिलैया, **10.** हेमलता अग्रवाल, **11.** ब्रिगेड ऑफ द गार्डस, **12.** 1643–44 ई., **13.** कैप्टन विलकिंसन, **14.** घाटशिला, **15.** गंगा नारायण सिंह, **16.** दाउद खाँ, **17.** सिंहभूम मानभूम, **18.** लक्ष्मण सिंह, **19.** दीपा या बेवार, **20.** दामोदर नदी

□

Set-3

1. 1697 ई. में किस मुगल सूबेदार ने राजमहल में लूट–पाट करनेवाले एवं नगर पर कब्जा करनेवाले विद्रोहियों शोभा सिंह (बंगाल) एवं रहीम खाँ (उड़ीसा) का दमन किया ?
2. भूमिज विद्रोह का मुख्य कारण क्या था ?
3. राजमहल फॉसिल अभयारण्य कहाँ है ?
4. बेतला नेशनल पार्क किसलिए प्रसिद्ध है ?
5. स्वर्णरिखा नदी घाटी परियोजना की शुरुआत किस पंचवर्षीय योजना के दौरान हुई ?
6. दक्षिणी छोटानागपुर प्रमंडल का मुख्यालय कहाँ है ?
7. बड़े उद्योग के अंतर्गत इनमें से कौन है ?
8. भारत के प्रथम अंतर्राष्ट्रीय आदिवासी एथलीट बनने का श्रेय झारखंड के किस खिलाड़ी को प्राप्त है ?
9. अबुआ दिशुम आंदोलन किसने शुरू किया था ?
10. तोपचाँची झील कहाँ स्थित है ?
11. झारखंड के प्रथम राज्यपाल कौन हैं ?
12. छोटानागपुर केसरी से किस व्यक्ति को विभूषित किया गया है ?
13. जाडकोर पूजा किस जनजाति का सर्व प्रमुख त्योहार है ?
14. किस जिले में सर्वाधिक अभ्रक पाई जाती है ?
15. पतरातू परियोजना किस नदी पर आधारित है ?
16. जनजातिय देवता 'औतगा' का संबंध किससे है ?
17. झारखंड के प्रथम लोकायुक्त कौन थे ?
18. सौरिया तथा माल पहाड़िया जनजातियों के बीच स्त्री धन या दहेज के

रूप में ली जानेवाली रकम क्या कहलाती है ?

19. 'मृदा शोध एवं अनुसंधान संस्थान' कहाँ स्थित है ?

20. 1805 में 23 परगनों एवं महालों को मिलाकर झारखंड क्षेत्र में एक जंगल महाल का निर्माण किया गया, उसका मुख्यालय कहाँ था ?

उत्तरमाला

1. जबरदस्त खाँ, **2.** कंपनी द्वारा जमींदारों पर अत्यधिक राजस्व थोपना, **3.** साहेबगंज, **4.** बाघ संरक्षण के लिए, **5.** पाँचवीं, **6.** राँची, **7.**लौह इस्पात उद्योग, **8.**विजय नीलमणि खलखो, **9.** जमशेदपुर, **10.**धनबाद, **11.** प्रभात कुमार, **12.** रामनारायण सिंह, **13.** खड़िया, **14.** कोडरमा, **15.** नलकारी, **16.**शिकार, **17.** लक्ष्मण उराँव, **18.**बंदी, **19.**हजारीबाग, **20.** बाँकुड़ा

□

Set-4

1. राँची स्थित जगन्नाथपुर मंदिर की स्थापना कब हुई थी?
2. बोकारो स्टील संयंत्र से उत्पादन किस वर्ष से प्रारंभ हुआ था?
3. टाना भगत आंदोलन के जनक कौन थे?
4. रामगढ़ राज्य की स्थापना 1368 ई. में किसने की थी?
5. पालकोट अभयारण्य कहाँ स्थित है?
6. 'छोटानागपुर की हल्दी घाटी' किसे कहा जाता है?
7. दशम जलप्रपात किस जिले में है?
8. बोकारो स्टील प्लांट किस पंचवर्षीय योजना के अंतर्गत स्थापित हुआ?
9. कोयला उत्पादन में झारखंड का भारत में कौन सा स्थान है?
10. झारखंड की दूसरी सबसे बड़ी जनजाति कौन सी है?
11. 'सिंगबोंगा' किस जनजाति के प्रमुख देवता हैं?
12. झारखंड का सबसे बड़ा राष्ट्रीय राजमार्ग कौन सा है?
13. रत्नगर्भा किसे कहते हैं?
14. क्षेत्रफल की दृष्टि से झारखंड का भारत में कौन-सा स्थान है?
15. झारखंड का सर्वाधिक साक्षरता वाला जिला कौन सा है?
16. मुगलकाल में झारखंड को क्या कहा जाता था?
17. भारतीय टीम का प्रतिनिधित्व करनेवाले विमल लकड़ा का संबंध किस खेल से है?
18. चेर राजाओं की राजधानी कहाँ थी?
19. कोयला भंडार में झारखंड का कौन सा स्थान है?
20. घघरी जलप्रपात कहाँ है?

उत्तरमाला

1. 1891, **2.** 1971, **3.** जतरा भगत, **4.** बाघदेव सिंह, **5.** गुमला, **6.** कोराम्बे, **7.**राँची, **8.**तृतीय, **9.**प्रथम, **10.** उराँव, **11.** असुर एवं मुंडा, **12.** एन.एच.– 33, **13.** झारखंड, **14.** 16वाँ, **15.** जमशेदपुर, **16.** खुखरा प्रदेश, **17.** हॉकी, **18.**पलामू, **19.**पहला, **20.** नेतरहाट

□

Set-5

1. झारखंड के किस जिले को छोटानागपुर का 'प्रवेश द्वार' कहा जाता है ?
2. संथाली किस भाषा–परिवार की भाषा है ?
3. 1855 में संथालों ने किस अंग्रेज कमांडर को हराया ?
4. बिरसा मुंडा ने किसे अपने आंदोलन की राजनीतिक शाखा का प्रमुख बनाया ?
5. बिरसा मुंडा की सेना के सेनापति कौन थे ?
6. मुंडा विद्रोह में महत्त्वपूर्ण भूमिका निभानेवाली माकी किसकी पत्नी थी ?
7. झारखंड का कौन सा स्थल 'सात सौ पहाड़ियों का क्षेत्र' के नाम से जाना जाता है ?
8. झारखंड में किस जिले को 'शहीदों का नगर' कहा जाता है ?
9. बिरसा मुंडा का निधन किस तिथि को हुआ ?
10. देवमनिया नामक महिला किस आंदोलन से जुड़ी थी ?
11. बिरसा मुंडा का जन्म कहाँ हुआ था ?
12. टाना भगत सर्वप्रथम राष्ट्रीय आंदोलन से कब जुड़े ?
13. धर्मेश किस जनजाति के मुख्य देवता हैं ?
14. किसने टाना भगतों को प्रिय अनुयायी के नाम से संबोधित किया ?
15. राज्य की कार्यपालिका का प्रधान कौन होता है ?
16. किस आदिवासी आंदोलन में परंपरागत अर्थात् झूम खेती की तरफ लौटने का आह्वान किया गया ?
17. राज्य की वास्तविक कार्यपालिका का प्रधान कौन होता है ?

18. मोहन आहुजा इंडोर स्टेडियम झारखंड के किस जिले में स्थित है?
19. 'हाथों से बने कपड़ों का जनक' किस जनजाति को कहा जाता है?
20. किस जनजाति में नर बलि की प्रथा पाई जाती थी?

उत्तरमाला

1. चतरा, **2** मुंडा/आस्ट्रिक., **3.** मेजर बरो, **4.** दानका मुंडा, **5.** गया मुंडा, **6.** गया मुंडा की, **7.** सारंडा, **8.**राँची, **9.**9 जून, 1900, **10.**टाना भगत, **11.**उलिहातू, **12.** असहयोग आंदोलन, **13.**उराँव, **14.** महात्मा गांधी ने, **15.**राज्यपाल, **16.** टाना भगत आंदोलन, **17.** मुख्यमंत्री, **18.** जमशेदपुर, **19.** चीक बड़ाईक, **20.**चीक बड़ाईक

□

Set-6

1. सोन नदी झारखंड में कहाँ प्रवेश करती है ?
2. करमदाहा मेला का आयोजन झारखंड के किस जिले में किया जाता है ?
3. कौन–सी जनजाति केवल झारखंड में है ?
4. अलबर्ट एक्का स्टेडियम झारखंड के किस जिले में स्थित है ?
5. जनसंख्या की दृष्टि से झारखंड की सबसे बड़ी जनजाति कौन है ?
6. राँची स्थित जे.एस.सी.ए. स्टेडियम में पहला अंतर्राष्ट्रीय क्रिकेट मैच कब खेला गया ?
7. राँची स्थित जे.एस.सी.ए. स्टेडियम में पहला अंतर्राष्ट्रीय क्रिकेट मैच किन दो देशों के बीच खेला गया ?
8. वर्ष 2016 में झारक्राफ्ट के प्रबंध निदेशक कौन है ?
9. झारखंड का प्रतीक चिह्न किसने तैयार किया ?
10. झारखंड के आदिवासी समुदायों में मेला को क्या कहा जाता है ?
11. राँची उच्च न्यायालय की स्थापना कब की गई ?
12. 1820 में मेजर रफसेज के कोल्हान क्षेत्र में प्रवेश के पश्चात् किस नदी के तट पर हो जनजाति एवं अंग्रेजी सेना में लड़ाई हुई, जिसमें अंग्रेज विजयी हुए ?
13. झारखंड का आदिधर्म किसे कहा जाता है ?
14. संथालों में गाँव के प्रधान को क्या कहा जाता है ?
15. हूल दिवस किस तिथि को मनाया जाता है ?
16. झारखंड सरकार को सर्वाधिक आय किस कर–क्षेत्र से प्राप्त होती है ?
17. संथालों में वर पक्ष की ओर से वधू पक्ष को दिया जानेवाला वधू मूल्य कहलाता है ?

18. चेरो जनजाति में विवाह के दो प्रमुख तरीके कौन-कौन से हैं ?
19. किस जनजाति को बनुकर जनजाति माना जाता है ?
20. बैगा जनजाति में ग्राम संगठन के मुखिया को क्या कहा जाता है ?

उत्तरमाला

1. गढ़वा के पास, **2.** रूबी वेरापटी, **3.** मुंडा, **4.** गुमला, **5.** संथाल, **6.**19 जनवरी, 2013, **7.**भारत-इंग्लैंड, **8.** ए.टी. मिश्रा, **9.** अशोक पांडे, **10.** जतरा, **11.**15 नवंबर, 2000, **12.** दोरो नदी, **13.**सरना, **14.**माँझी, **15.** 30 जून, **16.**वाणिज्य कर, **17.**पोन, **18.** ढोला विवाह एवं चढ़ा विवाह, **19.** चकी बड़ाईक, **20.** मूकद्दम

□

Set-7

1. झारखंड शब्द का उल्लेख हिंदी के किस प्राचीन कवि के दोहे में मिलता है ?
2. झारखंड का कौन सा क्षेत्र 'कर्ण सुवर्ण' के नाम से जाना जाता है ?
3. कौटिल्य के 'अर्थशास्त्र' में झारखंड को किस नाम से संबोधित किया गया है ?
4. हुल झारखंड पार्टी/क्रांतिकारी झारखंड पार्टी (1969) के संस्थापक कौन थे ?
5. झारखंड क्षेत्र का प्रथम साहित्यिक उल्लेख 'ऐतरेय ब्राह्मण' में किस नाम से मिलता है ?
6. बिहार राज्य पुनर्गठन विधेयक 2000 ई. पर राष्ट्रपति के.आर. नारायणन ने कब हस्ताक्षर किए ?
7. इस्को गुफा कहाँ है ?
8. फर्गुसन को सिंहभूम पर आक्रमण करने का काम किस वर्ष सौंपा गया था ?
9. झारखंड में ताम्र पाषाणयुगीन संस्कृति का केंद्रबिंदु कौन सा क्षेत्र था ?
10. आदिवासी महासभा द्वारा झारखंड में गैर जनजातीय लोगों को अपने साथ लाने के लिए किस पार्टी का गठन किया गया था ?
11. महामाया मंदिर का निर्माण किसने करवाया ?
12. राष्ट्रीय धातु विज्ञान प्रयोगशाला कहाँ स्थित है ?
13. रिता/रिसा मुंडा ने किसे मुंडाओं का शासक चुना ?
14. बिंझिया जनजाति में वधू-मूल्य को क्या कहा जाता है ?
15. कौन सी ऐसी जनजाति है, जो हड़िया नहीं पीते हैं ?

16. बिरजिया के दो उप भाग कौन-कौन से हैं ?
17. बिरहोर की बस्ती को क्या कहा जाता है ?
18. बिरहोर जनजाति के दो उपवर्ग कौन-कौन से हैं ?
19. बिरहोर जनजाति के प्रमुख नृत्य कौन-कौन से हैं ?
20. बैगा जनजाति किस पशु को पवित्र मानते हैं ?

उत्तरमाला

1.कबीरदास, **2.** छोटानागपुर, **3.**कुकुट देश, **4.** जस्टिन रिचर्ड, **5.** पुंड्र, **6.**25 अगस्त, 2000, **7.** हजारीबाग, **8.** 1767 ई., **9.** सिंहभूम, **10.** झारखंड पार्टी, **11.** गजघंट राय, **12.** जमशेदपुर, **13.**सुतिया पाहन, **14.** डाली कटारी, **15.**बिंझिया, **16.** दूध बिरजिया और रस बिरजिया, **17.**टंडा, **18.** उथलू या भूलिया (घुमक्कड़) और जांघी या थानिया (अधिवासी कृषक), **19.** डोंग, लागरी एवं मुतकर नृत्य, **20.**बाघ

□

Set-8

1. गोल्डेन लीग नामक संस्था, जो विदेशी वस्तुओं के बहिष्कार एवं स्वदेशी आंदोलन के लिए काम करती थी, की स्थापना कहाँ की गई ?
2. राष्ट्रीय आंदोलन के दौर में कहाँ से तलाशी के दौरान अंग्रेजों को हथियार एवं गोला-बारूद मिले ?
3. सुतिया पाहन द्वारा स्थापित राज्य का नाम क्या था ?
4. झारखंड में रक्सेल वंश द्वारा शासित क्षेत्र का नाम क्या था ?
5. परमवीर अलबर्ट एक्का स्टेडियन किस जिले में है ?
6. हॉकी अकादमी कहाँ स्थापित है ?
7. अभ्रक उत्पादन में झारखंड का देश भर में कौन सा स्थान है ?
8. मुक्तिवाहिनी सेना के संस्थापक कौन थे ?
9. मुक्तिवाहिनी सेना का सेनापति किसे नियुक्त किया गया था ?
10. मुक्तिवाहिनी सेना किसके संपर्क में थी ?
11. राज्य लोक सेवा आयोग के अध्यक्ष की नियुक्ति किसके द्वारा की जाती है ?
12. चतरा युद्ध (2 अक्तूबर, 1857) के वे दो भागे हुए विद्रोही नेता कौन थे, जिन्होंने लोहरदगा के जंगलों में छिपकर अंग्रेजों के खिलाफ छापामार युद्ध किया तथा पलामू विद्रोहियों को प्रोत्साहित किया ?
13. स्वर्णरेखा नदी कहाँ से निकलती है ?
14. असुर जनजाति का सर्वश्रेष्ठ देवता कौन है ?
15. बनजारा जनजाति को किस वर्ष अनुसूचित जनजाति की श्रेणी में सम्मिलित किया गया ?
16. बनजारा अपनी भाषा को क्या कहते हैं ?

17. आल्हा–उदल को वीर पुरुष के रूप में कौन सी जनजाति मानती है ?
18. बथुड़ी जनजाति अपने को किस अन्य नाम से संबोधित करते हैं ?
19. बथुड़ी जनजाति के जातीय पंचायत के मुखिया को क्या कहा जाता है ?
20. बेदिया जनजाति में विजातीय विवाह को क्या कहा जाता है ?

उत्तरमाला

1. देवघर, **2.** रोहिणी ग्राम, **3.** सुतिया नागखंड, **4.** पलामू, **5.** गुमला, **6.** राँची, **7.** प्रथम, **8.** ठाकुर विश्वनाथ शाहदेव, **9.** पांडेय गणपत राय, **10.** बाबू कुँवर सिंह के, **11.** राज्यपाल, **12.** ठाकुर विश्वनाथ शाहदेव और पांडेय गणपत राय, **13.** नगड़ी राँची, **14.** सिंगबोंगा, **15.** 1956 ई., **16.** लंबाड़ी, **17.** बनजारा, **18.** भूमिज, **19.** देहरी, **20.** ठुकुर ठेनी

□

Set-9

1. झारखंड की कौन सी नदी दक्षिण पूर्व की ओर प्रवाहित होती है ?
2. झारखंड की किस नदी के रेत में सोना पाया जाता है ?
3. लक्ष्मी रानी माँझी किस खेल से संबंधित है ?
4. जुमार, रारू, काँची, खरकाई एवं संजय किसकी सहायक नदी है ?
5. धनबाद एवं गिरिडीह किस नदी के तट पर बसे हुए हैं ?
6. सोन नदी कहाँ से निकलती है ?
7. झारखंड राज्य के पंचायती राज विभाग के शीर्ष प्रशिक्षण संस्थान कौन है ?
8. राँची पठार की औसत ऊँचाई कितनी है ?
9. राँची पठार का निर्माण किससे हुआ है ?
10. राँची एवं हजारीबाग के पठार को एक–दूसरे से कौन अलग करती है ?
11. राँची एवं हजारीबाग के पठार किनारे अवस्थित बाह्‌ पठार/निम्न पठार की औसत ऊँचाई कितनी है ?
12. देवघर स्थित किस मकान का उपयोग क्रांतिकारी बम बनाने तथा अपने सहयोगियों को इस दिशा में प्रशिक्षित करने में किया करते थे ?
13. पंचायत समिति की स्थापना किस स्तर पर होती है ?
14. रामगढ़ राज्य की प्रथम राजधानी कौन सी थी ?
15. शीलरबाड़ी नामक मकान से किस वर्ष बम बनाने की सामग्रियाँ बरामद हुईं ?
16. महेशपुर राजा की रानी सर्वेश्वरी के नेतृत्व में अंग्रेजी कंपनी के शासन के विरुद्ध विद्रोह की शुरुआत किस वर्ष हुई ?
17. किसने सुतियांबे के स्थान पर चुटिया को छोटानागपुर खास के नागवंशी राज्य की राजधानी बनाया ?

18. किस राजा के समय में ईचाक रामगढ़ राज्य की राजधानी बनी ?
19. 'ईदी–मी' (ईदी–ताई–मा) विवाह किस जनजाति की अनोखी विवाह है ?
20. असुर जनजाति में हड़िया को किस नाम से जाना जाता है ?

उत्तरमाला

1. स्वणरिखा, **2.** स्वणरिखा, **3.**तीरंदाजी, **4.**स्वणरिखा, **5.** दामोदर नदी, **6.** अमरकंटक की पहाड़ी, **7.** सर्ड (SIRD), **8.** 600 मीटर, **9.** ग्रेनाइट एवं नीस, **10.** दामोदर नदी, **11.** 300–450 मीटर, **12.** शीलर बाड़ी, **13.** प्रखंड स्तर पर, **14.** सिसिया, **15.** 1915 ई. में, **16.** 1781–82, **17** प्रताप राय., **18.** तेज सिंह, **19.** असुर, **20.** बोथा या झरमुई

□

Set-10

1. अंग्रेजों ने किस विद्रोह को कुचलने हेतु उनकी भूमि को सन् 1824 ई. में दामिन–ए–कोह में परिवर्तित कर दिया?
2. झारखंड की किस नदी को देव नदी के नाम से भी जाना जाता है?
3. कुल क्षेत्रफल के कितने प्रतिशत क्षेत्र में खेती होती है?
4. झारखंड की एकमात्र कौन सी नदी स्वतंत्र रूप से बंगाल की खाड़ी में गिरती है?
5. झारखंड में कितने क्षेत्रीय विकास प्राधिकार हैं?
6. किस राज्य का संस्थापक गोमुखी राजा के नाम से जाना जाता था?
7. मुगल बादशाह जहाँगीर ने छोटानागपुर खास के नागवंशी शासक दुर्जन शाल को कैदी बनाकर किस किले में रखा?
8. मरांग गोमके किसका दूसरा नाथ था?
9. सरायकेला रियासत के मूल एवं मातृ राज्य का नाम क्या था?
10. कंपनी काल में झारखंड की कौन सी जनजाति 'लड़ाका कोल' के नाम से प्रसिद्ध थी?
11. चिर्रा, लावा, केदार तथा कोक किसकी सहायक नदियाँ हैं?
12. झारखंड में वर्ष 2016 में मत्स्य उत्पादन कितने किलोग्राम प्रति हेक्टेयर प्रतिवर्ष है?
13. मोर/मयूराक्षी नदी का उद्‌गम स्थल कहाँ है?
14. झारखंड में वर्ष 2016 में सरकारी तालाबों की संख्या कितनी है?
15. मयूराक्षी नदी अपनी आरंभिक अवस्था में किस नाम से जानी जाती है?
16. कोल विद्रोह (1831–32) का तात्कालिक क्या कारण था?

17. मुंडा शासन में खेतों को बनानेवाला क्या कहलाता था?
18. 'धनबाद के सरदार' के नाम से कौन सी जनजाति जानी जाती है?
19. सबसे प्राचीन जनजाति कौन सी है, जो लौहकर्मी थे?
20. चामबंदी संस्कार किस जनजाति में पाई जाती है?

उत्तरमाला

1. पहाड़िया विद्रोह, **2.** दामोदर नदी, **3.** 22.68, **4.** स्वर्णरेखा, **5.** पाँच, **6.** पंचेत राज्य, **7.** ग्वालियर किला, **8.** जयपाल सिंह, **9.** पोराहाट राज्य, **10.** हो, **11.** शंख, **12.** 1650, **13.** त्रिकुट पहाड़ी, देवघर, **14.** 15496, **15.** मोतीहारी, **16.** गैर आदिवासियों द्वारा आदिवासी महिलाओं के साथ की गई बदसलूकी, **17.** खूँटकट्टीदार, **18.** भूमिज, **19.** असुर, **20.** असुर

□

Set-11

1. भागीरथ माँझी ने अंगेजी शासन के प्रति कौन सी नीति अपनाई थी ?
2. मुंडा जनजातीय समाज में गाँव का मिश्रित रूप क्या कहलाता है ?
3. भागीरथ माँझी आदिवासियों में किस नाम से जाने जाते थे ?
4. वर्ष 1899–1900 की मुंडा क्रांति का नेता कौन था ?
5. बिरसा मुंडा को प्रथम बार कब गिरफ्तार किया गया ?
6. शेखर बोस किस खेल से संबंधित हैं ?
7. उराँवों द्वारा बसाए गए गाँव क्या कहलाते थे ?
8. झारखंड के किस जिले में जनसंख्या सर्वाधिक है ?
9. सुकरी जलाशय योजना किस जिले में है ?
10. 'छोटानागपुर की रानी' किसे कहा जाता है ?
11. नियमित मालगुजारी न देने के कारण किस नागवंशी शासक को मुगलों ने कैद कर लिया था ?
12. टाना भगत आंदोलन किस जनजाति से संबंधित था ?
13. किसने चुटिया के स्थान पर खुखरा को छोटानागपुर खासकर नागवंशी राज्य की राजधानी बनाया ?
14. दामिन–ए–कोह क्या है ?
15. किसने 1401 ई. घाघरा (गुमला जिला) में हापामुनि मंदिर (विष्णु मंदिर) का निर्माण करवाया ?
16. तमाड़ विद्रोह कब हुआ ?
17. नागवंशियों ने मालगुजारी वसूली करने के लिए किसे नियुक्त किया ?
18. किसके समय वासुदेव (विष्णु) की मूर्ति कोरांबे में प्रतिष्ठापित की गई ?
19. 1782 ई. में हुए तमाड़ विद्रोह का नेतृत्व किसने किया ?

20. 1765 ई. में अंग्रेजी कंपनी को बिहार, बंगाल और उड़ीसा की दीवानी मिलने के बाद नागवंशी किसके प्रति उत्तरदायी बनाए गए?

उत्तरमाला

1. असहयोगात्मक, **2.** पड़हा, **3.** बाबा, **4.** बिरसा मुंडा, **5.** 24 अगस्त, 1895 ई., **6.** बॉलीबॉल, **7.** भूईहरी, **8.** राँची, **9.** लोहरदगा, **10.** नेतरहाट, **11.** दुर्जन शाल, **12.** उराँव, **13.** भीम कर्ण, **14.** संथाल परगना के पूरे क्षेत्र की सरकारी संपत्ति के रूप में घोषणा, **15.** शिवदास कर्ण, **16.** 1782 ई., **17.** मानकी, **18.** छत्र कर्ण, **19.** ठाकुर भोलानाथ सिह, **20.** पटना कौंसिल

□

Set-12

1. 1765 ई. में किस मुगल शासक ने ईस्ट इंडिया कंपनी को बंगाल–बिहार और उड़ीसा की दीवानी प्रदान की थी ?
2. 1782 ई. में हुए तमाड़ विद्रोह के समय नागवंशी राजा कौन था ?
3. झारखंड में किस स्थान को 'गाँव में बसा शहर' कहा जाता है ?
4. 1952 ई. के बिहार विधानसभा चुनाव में किस पार्टी ने मुख्य विपक्षी दल का रुतबा प्राप्त किया था ?
5. झारखंड पार्टी का चुनाव चिह्न क्या था ?
6. झारखंड में किस शहर को 'इस्पात नगरी' कहा जाता है ?
7. राज्य पुनर्गठन आयोग की टीम राँची कब पहुँची थी ?
8. झारखंड के किस जिला को 'कोयला नगरी' कहा जाता है ?
9. राज्य पुनर्गठन आयोग की टीम को झारखंड पार्टी ने अलग राज्य का प्रारूप पेश किया था, उस प्रस्ताव में क्या माँग थी ?
10. भारत छोड़ो आंदोलन में 11 अगस्त, 1942 का हजारीबाग का जुलूस किसके नेतृत्व में निकला था ?
11. भारत छोड़ो आंदोलन में किस तिथि को टाना भगतों के एक दल ने विशुनपुर का थाना जला दिया ?
12. भारत छोड़ो आंदोलन के दौरान रामानंद तिवारी के नेतृत्व में कहाँ के पुलिस दल ने विद्रोह किया था ?
13. रामानंद तिवारी ने मार्च 1942 में कहाँ पर इनकलाबी सिपाही दल बनाया, जिसमें 60 सदस्य थे ?
14. भिखना पहाड़ी के विनोदानंद झा को 11 अगस्त, 1942 को गिरफ्तार कर कहाँ भेजा गया था ?

15. झारखंड में लूथेरन चर्च का शिलान्यास कब हुआ था?
16. झारखंड में पहला वाई-फाई ग्राम बनने का गौरव किस ग्राम ने प्राप्त किया?
17. झारखंड में रोमन कैथोलिक मिशन की शुरुआत कब हुई?
18. खड़िया जनजाति में सर्वाधिक लोकप्रिय विवाह कौन सा है?
19. खड़िया गाँव का नेता और संचालक को क्या कहा जाता है?
20. मुंडा-उराँव के पड़हा पंचायत की तरह खड़िया जनजाति में कार्य करनेवाली महासभा को क्या कहा जाता है?

उत्तरमाला

1. शाह आलम II, **2.** दर्पनाथ शाह, **3.** मैक्लुसकीगंज, **4.** झारखंड पार्टी, **5.** मुर्गा, **6.** जमशेदपुर को, **7.** 5 फरवरी, 1955 को, **8.** धनबाद को, **9.** बिहार के 7 जिले, उड़ीसा के 4 जिले एवं मध्य प्रदेश के 2 जिले शामिल हों, **10.** सरस्वती देवी, **11.** 18 अगस्त, 1942, **12.** जमशेदपुर, **13.** जमशेदपुर, **14.** भागलपुर सेंट्रल जेल, **15.** 18 नवंबर, 1855, **16.** कस्मार (बोकारो), **17.** 1869 ई., **18.** ओलोलदाय या असल विवाह, **19.** करटाहा, **20.** डोकलो सोहर

□

Set-13

1. रामगढ़ हिल ट्रैक्ट का शासन किस शहर से संचालित किया जाता था ?
2. 'इनसाइक्लोपीडिया मुंडारिका' के लेखक फादर हॉफमेन का संबंध किस मिशन से रहा है ?
3. रोहिणी गाँव किस नदी के तट पर बसा हुआ है ?
4. किसके नेतृत्व में टाना भगत असहयोग आंदोलन में भाग लेकर पहली बार स्वतंत्रता आंदोलन में शामिल हुए ?
5. घटवाल विद्रोह (1772–73) का नेतृत्व विभिन्न घटवाल सरदारों ने किया। ये घटवाल सरदार किस राजा के वफादार रैयत थे ?
6. 1899–1900 के मुंडा क्रांति का नेता कौन था ?
7. 1855 ई. में संथालों ने किस अंग्रेज कमांडर को हराया ?
8. झारखंड राज्य साक्षरता दर के अनुसार देश में किस स्थान पर है ?
9. 'जनजातिय शोध संस्थान' कहाँ स्थित है ?
10. झारखंड में पूर्वी रेलवे का डिवीजन कार्यालय कहाँ है ?
11. 2016 में पद्मश्री पुरस्कार से सम्मानित सिमोन उराँव किस क्षेत्र से संबंधित है ?
12. झारखंड में सर्वाधिक लिंगानुपात किस जिले का है ?
13. बिरसा मुंडा ने किस वर्ष अपने को सिंगबोंगा का दूत घोषित किया ?
14. झारखंड के किस एकमात्र जिला की सीमा उत्तर प्रदेश को छूती है ?
15. छत्तीसगढ़ से झारखंड के कितने जिले की सीमा छूती है ?
16. बिहार को झारखंड के कितने जिलों की सीमा छूती है ?
17. पश्चिम बंगाल को झारखंड के कितने जिलों की सीमा छूती है ?
18. कितने जिले की सीमा किसी राज्य को नहीं छूती है ?

19. खड़िया जनजाति के तीन अन्य प्रमुख वर्ग कौन-कौन से हैं ?

20. 'लूट लाओ और कूट खाओ' की जिंदगी कौन जनजाति व्यतीत करती है ?

उत्तरमाला

1. शेरघाटी, **2.** रोमन कैथोलिक मिशन, **3.** अजय, **4.** सिद्धू भगत, **5.** मुकुंद सिंह, **6.** बिरसा मुंडा, **7.** मेजर बरो, **8.** 32, **9.** राँची, **10.** पाकुड़, **11.** पर्यावरण, **12.** पश्चिम सिंहभूम, **13.** 1895 ई., **14.** गढ़वा, **15.** 4 (गढ़वा, लातेहार, गुमला, सिमडेगा), **16.** 10, **17.** 10, **18.** 2 (खूँटी, लोहरदगा), **19.** पहाड़ी खड़िया, ढेलकी खड़िया और दूध खड़िया, **20.** खड़िया एवं बिरहोर जनजाति

□

Set-14

1. गोमिया विस्फोटक कारखाना झारखंड के किस जिले में स्थित है?
2. झारखंड में किस प्रकार के वन पाए जाते हैं?
3. वर्ष 2016 में झारखंड में सड़क संपर्कवाले गाँवों की संख्या कितनी है?
4. वर्ष 2016 में झारखंड में सबसे कम वन क्षेत्र किस जिले में हैं?
5. 'हरि बाबा आंदोलन' के प्रणेता का मूल नाम क्या था?
6. देवड़ी मंदिर कहाँ है?
7. वर्ष राज्य में रेलमार्ग की लंबाई कितनी है?
8. रामगढ़ अधिवेशन कांग्रेस का कौन सा वार्षिक अधिवेशन था?
9. हिंज रेखा कहाँ से गुजरती है?
10. झारखंड में ईसाइयों का प्रवेश कब हुआ?
11. राज्यपाल की नियुक्ति किसकी सलाह पर की जाती है?
12. झारखंड में कौन पहला ईसाई मिशनरी आया?
13. राज्य में संवैधानिक संकट उत्पन्न होने की दशा में राज्यपाल भारतीय संविधान के किस अनुच्छेद के तहत राष्ट्रपति से उस राज्य में राष्ट्रपति शासन लागू करने की सिफारिश करता है?
14. छोटानागपुर संथाल परगना आदिवासी सभा (1938 ई.) के संस्थापक कौन थे?
15. जवाहरलाल नेहरू जैविक उद्यान झारखंड के किस जिले में स्थित है?
16. पूरब से पश्चिम झारखंड राज्य की लंबाई कितनी है?
17. झारखंड का सर्वाधिक सिंचित जिला कौन है?
18. झारखंड में सिंचाई का प्रमुख स्रोत कौन सा है?

19. झारखंड में कितने अनुसूचित जिले हैं ?

20. झारखंड के कितने जिलों की सीमा ओड़िसा से लगती है ?

उत्तरमाला

1. बोकारो, **2.** अर्द्धपर्णपाती, **3.** 11666, **4.** साहेबगंज, **5.** दुका हो, **6.** तमाड़, **7.** 1943 किमी., **8.** 53वाँ, **9.** राजमहल, **10.** 1845 ई., **11.** प्रधानमंत्री, **12.** गोस्सनर मिशन, **13.** अनुच्छेद–356, **14.** थियोडोर सुरीन, **15.** बोकारो, **16.** 463 कि.मी., **17.** देवघर, **18.** नहर, **19.** 15, **20.** 4 (सिमडेगा, पश्चिमी सिंहभूम, सरायकेला-खरसावाँ, पूर्वी सिंहभूम)

□

Set-15

1. 2016 में 23वीं सीनियर नेशनल आर्चरी चैंपियनशिप किस जिले में संपन्न हुआ ?
2. झारखंड में प्रथम महिला अभियंत्रण महाविद्यालय की स्थापना किए जाने का प्रस्ताव किस जिले में है ?
3. भूमिज विद्रोह (1833-34) का दमन किसने किया ?
4. संथाल विद्रोह का नेतृत्व किसने किया था ?
5. संथाल विद्रोह (1831-32) का तात्कालिक क्या कारण था ?
6. किस विद्रोह के नेताओं ने भविष्यवाणी की कि अब विदेशी शासन का अंत निकट है तथा ब्रिटिश व उसके समर्थक गंगा के पार लौट जाएँगे और आपस में लड़ मरेंगे।
7. अखिल भारतीय आदिवासी विकास परिषद् (1968) की स्थापना किसने की ?
8. वह क्षेत्र, जहाँ संथालों ने 1855-56 ई. में अपनी सरकार (आबुआ राज) की घोषणा की ?
9. चेरो जनजाति की सर्वाधिक संख्या किस प्रमंडल में निवास करती है ?
10. मैथन जल विद्युत् केंद्र झारखंड के किस जिले में स्थित है ?
11. 2011 की जनगणना के अनुसार झारखंड की नगरीय जनसंख्या का प्रतिशत कितना है ?
12. 6 अप्रैल, 1930 ई. को महात्मा गांधी ने जब नमक आंदोलन का श्रीगणेश किया तो इस आंदालेन का झारखंड के लोगों पर भी गहरा प्रभाव पड़ा। झारखंड में नमक सत्याग्रह का श्रीगणेश कब हुआ ?
13. जमशेदपुर में नमक सत्याग्रह का नेतृत्व किसने किया ?

14. मंडा पर्व का संबंध किस देवता से है ?
15. संथाल परगना में किसके नृतत्व में वहाँ की महिलाओं ने नमक कानून को चुनौती दी ?
16. 2011 की जनगणना के अनुसार झारखंड का न्यूनतम नगरीय जनसंख्या वाला जिला कौन है ?
17. किसने घोषणा की, "अबुआ राज एटेजाना, महारानी राज टुडू (अर्थात् अब मुंडा राज शुरू हो गया है और महारानी विक्टोरिया का राज' समाप्त हो गया है) ?"
18. झारखंड में पहला वृत्तचित्र किस वर्ष बनाया गया था ?
19. 'करमा' लोकनृत्य का संबंध किस राज्य से है ?
20. उत्तर से दक्षिण झारखंड राज्य की लंबाई कितनी है ?

उत्तरमाला

1. सरायकेला-खरसावाँ, **2.** रामगढ़, **3.** डेंट, **4.** सिद्धो एवं कान्हू, **5.** भागलपुर-वर्दमान रेल परियोजना के तहत रेल बिछाने के काम में संथालों से बेगारी करवाना, **6.** संथाल विद्रोह, **7.** कार्तिक उराँव, **8.** भागलपुर-वर्धमान, **9.** पलामू, **10.** धनबाद, **11.** 24.05 प्रतिशत, **12.** 13 अप्रैल, 1930, **13.** ननी गोपाल मुखर्जी, **14.** महादेव (शिव), **15.** शैलबाला राय, **16.** गोड्डा, **17.** बिरसा मुंडा, **18.** 1954, **19.** झारखंड, **20.** 380 कि.मी.

□

Set-16

1. राज्य का पहला वृत्त चित्र किसके निर्देशन में बनाया गया था?
2. गौतमधारा जलप्रपात किस नदी पर है?
3. झारखंड में बहनेवाली किस नदी को 'बंगाल का शोक' कहा जाता है?
4. वर्ष 2016 में झारखंड राज्य महिला आयोग के अध्यक्ष कौन हैं?
5. झारखंड में स्थापित पतरातु ताप विद्युत् संयंत्र किस देश के सहयोग से बना है?
6. हजारीबाग में अंग्रेजों का प्रवेश किसके नेतृत्व में हुआ?
7. संथाल परगना काश्तकारी अधिनियम कब पारित किया गया था?
8. रामगढ़ का कौन सा राजा शुरू से अंत तक अंग्रेजों का विरोध करता रहा?
9. भारत में पहली बार वन नीति कब लागू की गई?
10. उधवा जल पक्षी आश्रयणी किस जिले में अवस्थित है?
11. गुमरो एवं ऐरो किसकी सहायक नदियाँ हैं?
12. महुआ डांड़ भेड़िया वन्य प्राणी आश्रयणी किस जिले में अवस्थित है?
13. फलगु नदी का उद्‌गम स्थल कहाँ है?
14. किस नदी की मुख्य धारा का नाम निरंजन या लिलाजन है?
15. सकरी नदी कहाँ से निकलती है?
16. बुलू इमाम किस जनजातीय लोककला से संबंधित है?
17. बिरहोर का शाब्दिक अर्थ क्या है?
18. क्षेत्रफल की दृष्टि से सबसे छोटा प्रमंडल कौन है?
19. क्षेत्रफल की दृष्टि से सबसे छोटा जिला कौन है?
20. जर्मनी के ईसाई मिशनरी किस वर्ष राँची पहुँचे?

उत्तरमाला

1. राधाकृष्ण, 2. राढु नदी, 3. दामोदर, 4. महुआ माँझी, 5. सोवियत रूस, 6. कैमक, 7. 1949 ई., 8. मुकुंद सिंह, 9. 1894 ई., 10. साहेबगंज, 11. ब्राहाणी, 12. पलामू, 13. छोटानागपुर पठार, 14. फलगु, 15. छोटानागपुर पठार, 16. सोहराय एवं कोहबर, 17. जंगल का आदमी, 18. पलामू, 19. लोहरदगा, 20. 1845 ई.

□

Set-17

1. किसके अनुयायियों को टाना भगत कहा जाता है ?
2. बुधु भगत का संबंध किससे है ?
3. पाइराइट्स फास्फेट ऐंड केमिकल कारखाना कहाँ है ?
4. टाना भगत आंदोलन का काल क्या था ?
5. झारखंड का क्षेत्रफल अविभाजित बिहार का कितना प्रतिशत है ?
6. बिरसा मृग बिहार कहाँ अवस्थित है ?
7. राँची नगर निगम की स्थापना कब हुई ?
8. किस विद्रोह का मुख्य कारण राजा जगन्नाथ सिंह द्वारा शोषण तथा उसका अंग्रेजों का पिछलग्गू होना था ?
9. 1820–21 ई. में मेजर रफसेज तथा 1837 ई. में कैप्टन विलकिंसन के नेतृत्व में किस विद्रोह को दबा दिया गया ?
10. 1820–21 ई. में मेजर रफसेज पर हो जनजाति के लोगों ने किस नदी के किनारे आक्रमण किया था ?
11. झारखंड पंचायती राज अधिनियम कब पारित हुआ ?
12. मेजर रफसेज ने किस वर्ष हो दियुम चिह्नित क्षेत्र में प्रवेश किया था ?
13. मुगल बादशाह अकबर के किस सेनापति के नेतृत्व में मुगल सेना ने 1585 ई. में छोटानागपुर खास के नागवंशी शासक मधुकरण शाह (मधु सिंह) पर आक्रमण किया, उसे हराया तथा उसे मुगलों का अधीनस्थ बनाया ?
14. नागवंशियों के प्रथम राजा का नाम क्या है ?
15. 1616 ई. में कर नहीं देने के कारण किस महाराजा को जहांगीर ने ग्वालियर के किले में कैद किया ?

16. छोटनागपुर खास के लिए 1773 ई. में सर्वप्रथम किसे सिविल कलक्टर नियुक्त किया गया ?
17. क्षेत्रफल की दृष्टि से सबसे बड़ा जिला कौन है ?
18. अनसुता लकड़ा किस खेल से संबंधित है ?
19. झारखंड की द्वितीय राजकीय भाषा क्या है ?
20. क्षेत्रफल की दृष्टि से सबसे बड़ा प्रमंडल कौन है ?

उत्तरमाला

1. जतरा उराँव, **2.** कोल विद्रोह, **3.** सिंदरी, **4.** 1913–14, **5.** 45 प्रतिशत, **6.** खूँटी, **7.** 1979 ई., **8.** हो विद्रोह, **9.** हो विद्रोह, **10.** रोरो नदी, **11.** 2001 ई., **12.** 1820 ई., **13.** शाहबाज खाँ कंबू, **14.** फणिमुकुट राय, **15.** महाराजा दुर्जन साल, **16.** एस.जी. हिव्टली, **17.** पश्चिमी सिंहभूम, **18.** हॉकी, **19.** उर्दू, **20.** उतरी छोटानागपुर

□

Set-18

1. 'चक्रधरपुर की राजवाड़ी' झारखंड के किस जिले में है ?
2. झारखंड के गठन के बाद निर्मित प्रथम जिला कौन था ?
3. वर्ष 2016 में झारखंड में शिशु मृत्यु दर क्या है ?
4. मृदा शोध एवं अनुसंधान संस्थान केंद्र किस जिले में अवस्थित है ?
5. खेल दिवस के अवसर पर वर्ष 2016 में ध्यानचंद्र अवार्ड किस हॉकी खिलाड़ी को प्रदान किया गया ?
6. राज्य में अनुसूचित जनजाति के लिए कितने आवासीय विद्यालय संचालित हैं ?
7. झारखंड का राजकीय पुष्प क्या है ?
8. पहाड़िया दीवाकालीन विद्यालयों की संख्या कितनी है ?
9. बिरसा मुंडा जैविक उद्यान कहाँ है ?
10. बिरसा मुंडा किसके पक्ष में थे ?
11. जनजातिय आंदोलन का मुख्य कारण क्या था ?
12. 1913 में गिरिडीह में खंभे पर 'आवर स्वाधीन भारत' शीर्षक के पर्चे किसने चिपकाए थे ?
13. गिरिडीह का कौन सा व्यक्ति क्रांतिकारियों को धन मुहैया कराता था ?
14. ढाका, मेमन सिंह तथा कोलकाता के क्रांतिकारी किस स्थान पर छुपकर गुप्त प्रचार करते थे ?
15. वीरेंद्र नाथ भट्टाचार्य के मकान पर अक्तूबर 1927 में छापा मारा गया, जहाँ से पिस्टल एवं कारतूस के साथ-साथ क्रांतिकारी साहित्य बरामद किया गया। इस केस को क्या नाम दिया गया ?
16. बा परब एवं फूलों का परब जनजातियों के किस पर्व का अन्य नाम है ?

17. मुंडा जनजातियों में पाहन को दी जानेवाली लगानमुक्त भूमि को क्या कहा जाता है ?
18. मुंडा जनजाति में गाँव के मुखिया को क्या कहा जाता है ?
19. भारत की प्रथम गणतांत्रिक व्यवस्था का उदाहरण कौन सी प्रशासनिक व्यवस्था प्रस्तुत करती है ?
20. मुंडा जनजाति में सर्वोच्च न्यायपालिका, कार्यपालिका और विधायिका के रूप में किसे जाना जाता है ?

उत्तरमाला

1. पश्चिमी सिंहभूम, **2.** लातेहार, **3.** 92, **4.** हजारीबाग, **5.** सिलवानुस डुंगडुंग, **6.** 89, **7.** पलाश, **8.** 32, **9.** ओरमाँझी, **10.** मुंडाराज, **11.** दिकुओं का शोषण, **12.** निर्मल चंद्र बनर्जी, **13.** मनोरंजन गुहा, **14.** जमशेदपुर, **15.** देवघर षड्यंत्र केस, **16.** सरहुल, **17.** डाली कटारी भूमि, **18.** मुंडा या हातूमुंडा, **19.** मुंडा मानकी शासन व्यवस्था, **20.** पड़हा पंचायत

□

Set-19

1. पलामू किला झारखंड के किस जिले में स्थित है ?
2. देवघर षड्यंत्र केस में कुल कितने व्यक्तियों को गिरफ्तार किया गया ?
3. भारत छोड़ो आंदोलन के दौरान 26 अगस्त, 1942 को देवघर में चली गोली से शहीद होनेवाले व्यक्ति कौन थे ?
4. हजारीबाग की शुभलक्ष्मी किस खेल से संबंधित है ?
5. 28 अगस्त, 1942 को ब्रिटिश पुलिस द्वारा गोली से उड़ा दी गई बिरजी संथाल परगना के किस नेता की पत्नी थी ?
6. सप्तम राष्ट्रीय वनवासी क्रीडा महोत्सव का आयोजन झारखंड के किस जिले में किया गया है ?
7. जामताड़ा जिले में किसके नेतृत्व में व्यापक आंदोलन चलाया गया था ?
8. जामताड़ा के किस नेता ने खून तथा आँसू एवं अन्य इश्तिहारों के माध्यम से आंदोलन को जगाए रखा था ?
9. महाकवि घासीराम किस भाषा के प्रसिद्ध रचनाकार हैं ?
10. गंगा नारायन के नेतृत्व में भूमिज विद्रोह किस स्थान पर हुआ था ?
11. छोटानागपुर क्षेत्र के प्रथम क्रांतिकारी कौन थे, जो अंग्रेजों से संघर्ष में वीरगति को प्राप्त हुए थे ?
12. चाणक्य ने अपनी प्रसिद्ध रचना 'अर्थशास्त्र' में झारखंड को किस नाम से संबोधित किया है ?
13. ब्राहाणी नदी कहाँ से निकलती है ?
14. झारखंड अंतरिक्ष उपयोग केंद्र (JSAC) राँची की स्थापना किस वर्ष की गई है ?
15. राज्य के क्षेत्रफल का कितना प्रतिशत मृदाक्षरण से प्रभावित है ?
16. झारखंड में औसत वार्षिक वर्षा कितनी होती है ?

17. झारक्राफ्ट की स्थापना किस वर्ष हुई ?
18. वर्ष 2016 में पद्मश्री पुरस्कार झारखंड के किस तीरंदाज को दिया गया है ?
19. झारखंड में किस स्थान पर उच्च न्यायालय स्थित है ?
20. मुंडा जनजाति के प्रमुख देवता कौन हैं ?

उत्तरमाला

1. लातेहार, **2.** 20, **3.** अशर्फी लाल, **4.** क्रिकेट, **5.** हरिहर मिर्धा, **6.** राँची, **7.** सत्यकाली बाबू, **8.** नरसिंह राय, **9.** नागपुरी, **10.** वीरभूम, **11.** बुद्धू भगत, **12.** कुकुट देश, **13.** दुधवा पहाड़ी दुमका, **14.** 2003, **15.** 22.4 प्रतिशत, **16.** 140 सेमी., **17.** 2006, **18.** दीपिका कुमारी, **19.** राँची, **20.** सिंगबोंगा

□

Set-20

1. बिहार-झारखंड क्षेत्र कुशाण सम्राट् कनिष्क के किस क्षत्रप के नियंत्रणाधीन था ?
2. 1916 में झारखंड में कृषि श्रमिकों का प्रतिशत कितना है ?
3. ईस्ट इंडिया कंपनी को झारखंड में प्रवेश करने में प्राय: कितने दशकों का समय लगा ?
4. कुषाण सम्राट् कनिश्क के सिक्के झारखंड के किस जिले से प्राप्त हुए हैं ?
5. विक्रम सिंह के द्वितीय पुत्र द्वारा स्थापित खरसाँवा का अंग्रेजों के साथ विधिवत संबंध किस वर्ष स्थापित हुआ ?
6. तेलियागढ़ी झारखंड के किस जिले में स्थित है ?
7. 1778 ई. में झारखंड में प्रशासन हेतु बृहत् योजना किसने प्रदान की ?
8. तिलका माँझी को अंगेजों द्वारा किस वर्ष धोखे से पकड़ा गया था ?
9. किसके शासनकाल में सिंह राज्य की कुल देवी के रूप में पौरी देवी की प्राण प्रतिष्ठा की गई ?
10. तिलका माँझी को किस वर्ष फाँसी दी गई ?
11. दाउद खाँ की मसजिद झारखंड के किस जिले में स्थित है ?
12. तिलका माँझी को किस वृक्ष पर लटकाकर फाँसी दी गई थी ?
13. भारतीय स्वाधीनता संग्राम के पहले विद्रोही शहीद कौन थे ?
14. काली मिट्टी किस तरह की शैलों से बनती है ?
15. झारखंड में पारसनाथ की पहाड़ी किस पठार का हिस्सा है ?
16. झारखंड का द्वितीय सर्वोच्च शिखर कौन है ?
17. उराँव जनजाति के पूर्वजों की आत्मा कहाँ निवास करती है ?

18. उराँव जनजाति में धार्मिक कार्यों को कौन संपन्न कराता है ?

19. 'पाहन गाँव बनाता है एवं महतो गाँव चलाता है' यह परंपरा किस जनजाति में देखी जाती है ?

20. मुंडा जनजाति अपनी भाषा को क्या कहते हैं ?]

उत्तरमाला

1. वंशफर, **2.** 45 प्रतिशत, **3.** सात, **4.** राँची, **5.** 1793 ई., **6.** साहेबगंज, **7.** रॉबर्ट ब्राउन, **8.** 1785 ई., **9.** अच्युत सिंह, **10.** 1785 ई., **11.** लातेहार, **12.** बरगद, **13.** तिलका माँझी, **14.** बैसाल्ट, **15.** गिरिडीह का पठार, **16.** सरूअत पहाड़ी, **17.** सासन, **18.** पाहन, **19.** उराँव, **20.** होड़ो जगर

□

Set-21

1. 1857 के विद्रोह में अपना सर्वस्व न्योछावर कर देनेवाले टिकैत उमरॉव सिंह एवं शेख भिखारी को कब गिरफ्तार किया गया?
2. 1857 के विद्रोह के समय छोटानागपुर का कमिश्नर कौन था?
3. वहाबी आंदोलन के झारखंड इलाके में प्रसार का दायित्व किसे सौंपा गया था?
4. झारखंड में वहाबी आंदोलन की शाखाएँ कहाँ खोली गई थीं?
5. राज्य का सर्वोच्च पुलिस अधिकारी कौन होता है?
6. हजारीबाग का कौन सा व्यक्ति अहमदशाह बरेलीजी से मिलने बरेली गया था?
7. राँची नगर निगम की स्थापना कब हुई है?
8. जापी लोकगीत किस अवसर पर गाया जाता है?
9. वहाबी आंदोलन के दौरान पाकुड़ के किस व्यक्ति को आजीवन कारावास की सजा मिली थी?
10. 12 सितंबर, 2007 में राँची से कितने प्रखंडों को अलग कर खूँटी जिले का सृजन किया गया?
11. गुपि जंत्र किस तरह का वाद्य है?
12. झारखंड में क्रांतिकारी गतिविधियों का प्रमुख केंद्र कौन सा था?
13. झारखंड के किस शहर में स्वर्ण संघ (गोल्डेन लीग) नामक एक संस्था कायम की गई थी, जिसका उद्देश्य क्रांतिकारी क्रियाकलापों का प्रसार करना था?
14. किस वर्ष छोटानागपुर खास के नागवंशी शासक दुर्जनशाल को बंदी जीवन से मुक्ति मिली?
15. संथालों में दी जानेवाली वधू-मूल्य को क्या कहा जाता है?

16. संथालों में सामाजिक बहिष्कार को क्या कहा जाता है ?
17. उराँव जनजाति में पाए जानेवाले टोटेमिक गोत्र को क्या कहा जाता है ?
18. पसरी प्रथा एवं पाचा पद्धति का प्रचलन किस जनजाति में देखा जाता है ?
19. उराँव जनजाति की युवागृह को क्या कहा जाता है ?
20. उराँव जनजाति के प्रमुख देवता का नाम क्या है ?

उत्तरमाला

1. 6 जनवरी, 1858, **2.** डाल्टन, **3.** शाह मोहम्मद हुसैन, **4.** राजमहल, **5.** डी.जी.पी., **6.** मीर उस्मान, **7.** 1979 ई. में, **8.** शिकार, **9.** इब्राहिम मंडल, **10.** छह, **11.** तंत्री, **12.** देवघर, **13.** देवघर, **14.** 1627 ई. में, **15.** पोन टका, **16.** बिटलाहा, **17.** किली, **18.** उराँव, **19.** धुमकुड़िया, **20.** धर्मेश

□

Set-22

1. कोल विद्रोह के प्रमुख नेता बुधू भगत कहाँ के रहनेवाले थे ?
2. मुगल बादशाह जहाँगीर ने कोकरह अभियान (छोटानागपुर खास के नागवंशी राज्य के विरुद्ध) के नेता इब्राहिम खाँ को कौन सी उपाधि दी ?
3. किस मेले में एक विशिष्ट कार्यक्रम होता है—आग पर नंगे पाँव चलना ?
4. कोल विद्रोह का दमन किस अंग्रेज सेनानायक ने किया ?
5. बिहार के मुगल सूबेदार शाइस्ता खाँ ने पलामू के चेरोवंशी शासक प्रताप राय के विरुद्ध पलामू किला पर आक्रमण और संधि कब की ?
6. किस विद्रोह के परिणामस्वरूप 1833 ई. में एक नए प्रांत दक्षिण-पश्चिम सीमांत एजेंसी का गठन हआ ?
7. जयपाल सिंह आदिवासी महासभा के अध्यक्ष कब बने थे ?
8. बृहतर झारखंड की माँग सर्वप्रथम किसने की थी ?
9. बृहतर झारखंड की माँग सर्वप्रथम कब हुई ?
10. किस संगठन का नाम संशोधित कर आदिवासी महासभा कर दिया गया था ?
11. झारखंड आंदोलन में गैर आदिवासियों को शामिल करने हेतु 1948 ई. में जस्टिन रिचर्ड ने किस पार्टी का गठन किया था ?
12. बिरसा मुंडा तकनीकी छात्रवृत्ति जनजातीय विद्यार्थियों को किसलिए प्रदान किया जाता है ?
13. झारखंड में सबसे अधिक कौन मिट्टी पाई जाती है ?
14. झारखंड में साइकिल वितरण योजना किस सत्र से शुरू हुई थी ?

15. झारखंड के किस जिले में 'कीनन स्टेडियम' अवस्थित है ?
16. बर्मा एवं अय्यर बाँध किस नदी पर है ?
17. खड़िया जनजाति के अखिल भारतीय महासभा (डोकलो) के सभापति का पदनाम क्या है ?
18. मुगलकाल में बंगाल की राजधानी झारखंड के किस क्षेत्र में हुआ करती थी ?
19. झारखंड में किस शहर में दामोदर घाटी निगम का भूमि संरक्षण डिवीजन है ?
20. हुंडरू जलप्रपात झारखंड के किस जिले में है ?

उत्तरमाला

1. सिल्ली, **2.** फाथ जंग, **3.** मंडा मेला, **4.** विलकिंसन, **5.** 1641–42 ई. में, **6.** कोल विद्रोह, **7.** 1939 ई., **8.** जयपाल सिंह, **9.** 1939 ई., **10.** छोटानागपुर उन्नति समाज, **11.** यूनाइटेड झारखंड ब्लॉक, **12.** मेडिकल एवं इंजीनियरिंग पढ़ाई के लिए, **13.** लाल मिट्टी, **14.** 2002–03, **15.** जमशेदपुर, **16.** दामोदर, **17.** डोकलो सोहर, **18.** राजमहल, **19.** हजारीबाग, **20.** राँची

□

Set-23

1. अटल पेंशन योजना किस उम्र से किस उम्र तक के व्यक्ति के लिए लागू किया गया है ?
2. सूरजकुंड झारखंड के किस जिले में स्थित है ?
3. खोंगसो जनजातियों में पहना जानेवाला आभूषण किस अंग से संबंधित है ?
4. झारखंड में पंचायत समिति का सर्वप्रमुख अधिकारी कौन होता है ?
5. महान् क्रांतिकारी अरविंद घोष एवं वारींद्र घोष के नाना राज नारायण बसु कहाँ के रहनेवाले थे ?
6. संथालों का दोपहर का भोजन क्या कहलाता है ?
7. स्वर्णरेखा परियोजना का विस्तार किन-किन राज्यों में है ?
8. झारखंड राज्य की उप राजधानी किस जिले को बनाया गया है ?
9. झारखंड के उच्च न्यायालय में माननीय न्यायधीशों की कुल संख्या 2016 में कितनी है ?
10. हुंडरू जल विद्युतगृह किस योजना के अंतर्गत आता है ?
11. क्रांतिकारी वारींद्र घोष की शिक्षा-दीक्षा की शुरुआत झारखंड के किस शहर में हुई थी ?
12. भारतीय संविधान के किस अनुच्छेद के तहत राज्य की विधानसभा में अनुसूचित जातियों एवं अनुसूचित जनजातियों के लिए स्थानों का आरक्षण किया गया है ?
13. वारींद्र कुमार घोष समेत कई तरुण क्रांतिकारियों ने देवघर में किस संस्था की स्थापना की थी ?
14. झारखंड का राजकीय वृक्ष का दर्जा किस वृक्ष को दिया गया है ?
15. झारखंड के मोहन महतो, सहदेव महतो, गणेश महतो एवं गोकुल महतो

ने किस सत्याग्रह में सक्रिय सहयोग दिया था?

16. सविनय अवज्ञा आंदोलन में हजारीबाग के संथालों का बड़ा योगदान रहा, संथालों का नेतृत्व गोमिया थाना बोरोगेरा ग्राम के किस व्यक्ति द्वारा किया गया?
17. 1872 ई. की पहली जनगणना में कितने जनजातियों को सूचीबद्ध किया गया?
18. संथालों के गाँव के बीच स्थित पूजा स्थल को क्या कहा जाता है?
19. किस जनजाति में पुरुषों के हाथ में सिक्के का निशान पाया जाता है?
20. संथाल जनजाति में विवाह को क्या कहा जाता है?

उत्तरमाला

1. 18 से 40 वर्ष, **2.** हजारीबाग, **3.** बाल, **4.** प्रमुख, **5.** देवघर, **6.** माजवान, **7.** झारखंड, पश्चिम बंगाल व उड़ीसा, **8.** दुमका, **9.** 20, **10.** स्वर्णरेखा, **11.** देवघर, **12.** 332, **13.** गोल्डेन लीग, **14.** साल, **15.** नमक सत्याग्रह, **16.** बंगम माणे, **17.** अठारह, **18.** माँझीथान, **19.** संथाल जनजाति, **20.** बापला

□

Set-24

1. सविनय अवज्ञा आंदोलन के दौरान राँची में 'स्वदेशी सप्ताह' कब मनाया गया?
2. सविनय अवज्ञा आंदोलन के दौरान डाल्टेनगंज में कांग्रेस का दफ्तर बंद करवाने तथा मुठिया के रूप में एकत्रित अनाज को जब्त करने में ठाकुर भोलानाथ ने सरकार का साथ दिया। इस सेवा के बदले सरकार से उन्हें कौन सी पदवी मिली?
3. झारखंड में आदिवासी महासभा का गठन कब हुआ?
4. आदिवासी महासभा के संस्थापक अध्यक्ष कौन थे?
5. महाकवि घासीराम किस भाषा के प्रसिद्ध रचनाकार हैं?
6. आदिवासी महासभा के 1939 ई. में संपन्न द्वितीय अधिवेशन की अध्यक्षता किसने की थी?
7. झारखंड के प्रथम हिंदी दैनिक पत्र का नाम क्या है?
8. तिलका माँझी को संयुक्त बिहार के किस जिले में फाँसी दी गई?
9. जे. बारथोलमन किस कॉलेज का छात्र था?
10. झारखंड में वर्षा का मुख्य स्रोत क्या है?
11. झारखंड के किस क्षेत्र में सर्वाधिक वर्षा होती है?
12. झारखंड की सबसे बड़ी व लंबी नदी कौन सी है?
13. दामोदर नदी की लंबाई झारखंड में कितनी है?
14. दामोदर नदी कहाँ से निकलती है?
15. झारखंड में कितना कृषि जलवायु प्रदेश है?
16. झारखंड का कुल कृषि क्षेत्रफल के कितने प्रतिशत पर एक फसली कृषि की जाती है?

17. झारखंड ऊर्जा नीति कब लागू की गई ?
18. झारखंड राज्य जल नीति कब लागू की गई ?
19. झारखंड के सकल घरेलू उत्पाद में वन क्षेत्र का हिस्सा कितना है ?
20. झारखंड में स्वच्छ ऊर्जा के विकास के लिए झारखंड नवीकरणीय ऊर्जा विभाग का गठन किस वर्ष किया गया ?

उत्तरमाला

1. सितंबर 1930, **2.** राय बहादुर, **3.** 1938 ई., **4.** थियोडोर सुरीन, **5.** नागपुरी, **6.** जयपाल सिंह, **7.** राष्ट्रीय भाषा, **8.** भागलपुर में, **9.** संत कोलंबस कॉलेज, **10.** दक्षिणी–पश्चिमी मानसून, **11.** नेतरहाट पठार, **12.** दामोदर नदी, **13.** 290 किमी., **14.** चुलहा पानी, टोरी लातेहार, **15.** तीन, **16.** 40 प्रतिशत, **17.** 2012 ई., **18.** 2011 ई., **19.** 1.5 प्रतिशत, **20.** 2001 ई.

□

Set-25

1. कोल्हुआ झील झारखंड के किस जिले में स्थित है ?
2. 'स्वराज लूट गया' किसकी प्रसिद्ध रचना है ?
3. डिमना डैम किस नदी पर है ?
4. बौद्धकालीन भ्रदकाली मंदिर झारखंड के किस जिले में स्थित है ?
5. कोयलकारी परियोजना किस नदी पर स्थित है ?
6. पद्म सम्मान से सम्मानित झारखंड का प्रथम आदिवासी कौन है ?
7. सुधींद्र नारायण सिंह का संबंध किस कला से है ?
8. संयुक्त बिहार की विनोदानंद झा की सरकार में जयपाल सिंह को किस विभाग का मंत्री बनाया गया था ?
9. अखिल भारतीय झारखंड पार्टी का गठन कब हुआ था ?
10. 1969 ई. में अखिल भारतीय झारखंड पार्टी से पृथक् होकर बनी झारखंड पार्टी का नेतृत्व किसने किया ?
11. किस मिशन ने 1898 ई. में अंधों के लिए सेंट माइकल स्कूल खोला ?
12. हुल झारखंड पार्टी का गठन कब हुआ था ?
13. झारखंड में किस मेले का एक विशिष्ट कार्यक्रम आग पर नंगे पाँव चलना है ?
14. किस वर्ष प्रोफेसर अब्दुल बारी सिद्धीकी ने अपना अलग श्रम संघ स्थापित किया, जिसका नाम टाटा वर्कर्स यूनियन रखा गया ?
15. झारखंड में रथयात्रा मेला से संबंधित मंदिर कौन सा है ?
16. कांग्रेस का 53वाँ वार्षिक अधिवेशन कहाँ हुआ था ?
17. रथयात्रा मेले का आयोजन किस महीने में होता है ?
18. झारखंड समन्वय समिति के संयोजक कौन थे ?
19. राँची नगर निगम क्षेत्र में सॉलिड वेस्ट मैनेजमेंट का कार्य किस निजी

कंपनी को दिया गया है ?

20. भारत को कितने कृषि जलवायु क्षेत्र में विभाजित किया गया है ?

उत्तरमाला

1. चतरा, **2.** राम नारायण सिंह, **3.** स्वर्णरेखा, **4.** चतरा, **5.** दक्षिण कोयल एवं कारो नदी, **6.** जुएल लकड़ा, **7.** नृत्य, **8.** सामुदायिक विकास एवं पंचायती राज, **9.** 1967 ई., **10.** एन.ई.होरो, **11.** एस.पी.जी. मिशन ने, **12.** 1968 ई., **13.** मंडा मेला, **14.** 1938 ई., **15.** जगन्नाथ मंदिर, **16.** रामगढ़, झारखंड, **17.** आषाढ़, **18.** विश्वेश्वर प्रसाद केशरी, **19.** एस्सेल इंफ्रा, **20.** 15

□

Set-26

1. विश्व का सबसे बड़ा लाह (लाख) निर्यातक केंद्र झारखंड के किस स्थान पर स्थित है ?
2. भारतीय जनता पार्टी द्वारा वनांचल राज्य की माँग किस वर्ष की गई थी ?
3. 18 जिलों के वनांचल की माँग किस पार्टी द्वारा की गई थी ?
4. झारखंड की प्रथम महिला राज्यपाल कौन है ?
5. झारखंड क्षेत्र स्वशासी परिषद् (जैक) का गठन कब हुआ था ?
6. झारखंड की धरती पर कांग्रेस का 53वाँ वार्षिक अधिवेशन कहाँ हुआ था ?
7. रामगढ़ कांग्रेस के मुख्य द्वार का नामकरण किसके नाम पर किया गया था ?
8. झारखंड में लगनेवाला दुमका का हिजला मेला किस नदी के तट पर आयोजित किया जाता है ?
9. कांग्रेस के रामगढ़ अधिवेशन के दौरान, किसकी अध्यक्षता में अखिल भारतीय समझौता विरोधी सम्मेलन आयोजित किया गया ?
10. फारवर्ड ब्लॉक का जन्म कहाँ हुआ था ?
11. वामपंथी विचारधारा के एम.एन.राय ने 1940 में रेडिकल डेमोक्रेटिक पार्टी की स्थापना कहाँ की थी ?
12. झारखंड क्षेत्र स्वशासी परिषद् (जैक) के उपाध्यक्ष कौन मनोनीत किए गए थे ?
13. बिहार विधानसभा द्वारा पृथक् झारखंड प्रस्ताव कब पारित हुआ था ?
14. बिहार विधानसभा द्वारा पृथक् झारखंड विषयक प्रस्ताव कब वापस लिया गया था ?

15. झारखंड की प्रथम महिला मुख्य सचिव कौन हैं ?
16. छोटानागपुर क्षेत्र में केंदरा किस तरह का वाद्य यंत्र है ?
17. 'संपूर्ण किसान आंदोलन' किसके नेतृत्व में चल रहा था ?
18. जमशेदपुर स्थित टाटा स्टील कंपनी के मजदूरों ने एस.एन. हलदर एवं व्योमकेश चक्रवर्ती के नेतृत्व में जमशेदपुर वर्कर्स एसोसिएशन की स्थापना कब की ?
19. अखिल भारतीय ट्रेड यूनियन कांग्रेस का अधिवेशन झरिया में किस वर्ष हुआ ?
20. पूरे राज्य में कितने जल संचयन ईकाई (डोभा) का निर्माण करने का लक्ष्य है ?

उत्तरमाला

1. टोरी, **2.** 1988 ई., **3.** भाजपा, **4.** द्रोपदी मुर्मू, **5.** 9 अगस्त, 1995, **6.** रामगढ़, **7.** बिरसा मुंडा, **8.** मयूराक्षी, **9.** सुभाषचंद्र बोस, **10.** रामगढ़, **11.** रामगढ़, **12.** सूरज मंडल, **13.** 22 जुलाई, 1997, **14.** 21 सितंबर, 1998, **15.** श्रीमती लक्ष्मी सिंह, **16.** तंतु वाद्य, **17.** यदुवंश सहाय, **18.** 1920 ई., **19.** 1929 ई., **20.** 6 लाख

□

Set-27

1. 1929 ई. में झरिया में हुए अखिल भारतीय ट्रेड यूनियन कांग्रेस के अधिवेशन में कौन अध्यक्ष चुने गए?
2. किस विद्रोह को अंग्रेजों ने 'गंगा नारायण का हंगामा' की संज्ञा दी?
3. बिरसा मुंडा को पहली बार जेल से कब मुक्त किया गया था?
4. मुंडा विद्रोह के किस नेता को 30 नवंबर, 1897 को ब्रिटेन की महारानी विक्टोरिया की हीरक जयंती मनाने के अवसर पर मुक्त किया गया था?
5. बिरसा मुंडा द्वारा 25 दिसंबर, 1899 को अंग्रेजों के विरुद्ध विद्रोह करने का निर्णय कहाँ लिया गया था?
6. कुडुख (उराँव) किस भाषा-परिवार की भाषा है?
7. बिरसा मुंडा ने किसे अपने आंदोलन की धार्मिक सामाजिक शाखा का प्रमुख बनाया?
8. शंख नदी का उद्‌गम कहाँ है?
9. घाटशिला के महल पर अंग्रेजों का कब्जा कब हुआ?
10. झारखंड में साक्षरता की दर, जो 2001 में 54.13 प्रतिशत थी, वह 2011 में बढ़कर कितने प्रतिशत हो गई?
11. कार्तिक उराँव के नेतृत्व में अखिल भारतीय आदिवासी विकास परिषद् की स्थापना कब हुई थी?
12. शिवाजी समाज की स्थापना किसने की थी?
13. झारखंड में किस स्थान पर केंद्रीय ईंधन अनुसंधान संस्थान स्थित है?
14. शिबू सोरेन द्वारा सोनोत संथाल समाज की स्थापना कब की गई थी?
15. झारखंड समस्याओं के निराकरण हेतु गठित संस्था का नाम क्या था?

16. मुख्यमंत्री जन वन योजना के तहत वृक्षारोपण की न्यूनतम एवं अधिकतम सीमा कितनी है ?
17. फॉसिल पार्क राज्य के किस जिला में स्थित है ?
18. दलमा गज अभयारण्य झारखंड के किस जिले में स्थित है ?
19. पारसनाथ पहाड़ी झारखंड के किस जिले में स्थित है ?
20. राज्य में जल संरक्षण के लिए डोभा निर्माण किस शुरू किया गया ?

उत्तरमाला

1. जवाहर लाल नेहरू, **2.** भूमिज विद्रोह, **3.** 30 नवंबर, 1897 ई., **4.** बिरसा मुंडा, **5.** डुंबारू बुरू में, **6.** द्रविड़, **7.** सोमा मुंडा, **8.** गुमला, **9.** 22 मार्च, 1767, **10.** 66.4, **11.** 1968 ई., **12.** बिनोद बिहारी महतो, **13.** जलगोड़ा में, **14.** 1970 ई. में, **15.** आदिवासी महासभा, **16.** 1 एकड़ एवं 50 एकड़, **17.** साहेबगंज, **18.** जमशेदपुर (पूर्वी सिंहभूम), **19.** गिरिडीह, **20.** 2016

☐

Set-28

1. प्रथम ईसाई मिशन राँची कब पहुँचा ?
2. झारखंड में बिरसा आंदोलन का मुख्य केंद्र किस जिले में था ?
3. 1845 ई. में राँची के कमिश्नर कौन थे ?
4. मुख्यमंत्री की नियुक्ति किसके द्वारा की जाती है ?
5. झारखंड में गोस्सनर मिशन के वास्तविक संस्थापक कौन थे ?
6. राज्य विधानसभा का सदस्य न होनेवाला व्यक्ति भी मुख्यमंत्री के पद पर नियुक्त किया जा सकता है, लेकिन इसके लिए आवश्यक है वह निर्धारित अवधि के भीतर राज्य विधानसभा का सदस्य निर्वाचित हो जाए। यह निर्धारित अवधि क्या है ?
7. लावालौंग अभयारण्य झारखंड के किस जिले में स्थित है ?
8. झारखंड की गंगा नदी किस जिले से गुजरती है ?
9. मयूराक्षी नदी पर कौन बाँध स्थित है ?
10. झारखंड का बेतला राष्ट्रीय उद्यान किस वन्य प्राणी के लिए प्रसिद्ध है ?
11. कैसिराइट खनिज से क्या प्राप्त किया जाता है ?
12. निकल उत्पादन में झारखंड का योगदान कितने प्रतिशत का है ?
13. झारखंड में प्रोजेक्ट टाइगर की शुरुआत कब की गई थी ?
14. जेवियर लेबर रिसर्च इंस्टीट्यूट कहाँ स्थित है ?
15. मेकन स्टेडियम झारखंड के किस जिले में स्थित है ?
16. 'झारखंड का शिमला' किस शहर को कहा जाता है ?
17. झारखंड में गिद्धों की कितनी प्रजातियाँ पाई जाती है ?
18. झारखंड में पाई जानेवाली गिद्ध की प्रजातियाँ कौन-कौन हैं ?

19. गिद्धों के विलुप्त होने का मुख्य कारण किस दर्द निवारक दवा को माना जा रहा है ?

20. मुख्यमंत्री जन वन योजना की शुरुआत किस वर्ष हुई ?

उत्तरमाला

1. 02 नवंबर, 1845, **2.** खूँटी, **3.** कर्नल आउस्ले, **4.** राज्यपाल द्वारा, **5.** डॉ. हेकरलिन, **6.** 6 महीना, **7.** चतरा, **8.** साहेबगंज, **9.** कनाडा बाँध, **10.** बाघ, **11.** टीन, **12.** 6 प्रतिशत, **13.** 1972, **14.** जमशेदपुर, **15.** राँची, **16.** राँची, **17.** तीन, **18.** जिप्स बेंगलेंसिस, जिप्स इंडिकस एवं अजिप्शियन, **19.** डाईक्लोफेनेक, **20.** 2015 ई.

□

Set-29

1. झारखंड की जनजातियों का कितना प्रतिशत जनसंख्या गाँव में निवास करती है ?
2. काँची बृहत् सिंचाई परियोजना झारखंड के किस जिले में स्थित है ?
3. ऑपरेशन टोडरमल का संबंध किससे है ?
4. ऑपरोशन वरुण का संबंध किससे है ?
5. झारखंड में 'ओहिरा' गीत के साथ किस त्योहार का संबंध है ?
6. सरायकेला का अंग्रेजों के साथ संपर्क किस वर्ष हुआ है ?
7. झारखंड में मानसून का प्रवेश प्राय: कब होता है ?
8. 'छोटानागपुर केसरी' किसे कहा जाता है ?
9. झारखंड क्षेत्र में पहाड़ी एसेंबली की स्थापना किसने की ?
10. झारखंड क्षेत्र में पहला नागरिक प्रशासक कौन था ?
11. राम नारायण सिंह किस वर्ष संविधान सभा के सदस्य निर्वाचित हुए ?
12. दामोदर घाटी परियोजना में कुल कितने बाँध हैं ?
13. धाल विद्रोह का प्रारंभ कब हुआ ?
14. झारखंड राज्य में 'मुख्यमंत्री कन्यादान योजना' किस वर्ष प्रारंभ हुई ?
15. 'मुख्यमंत्री कन्यादान योजना' सर्वप्रथम झारखंड के किस जिले में आरंभ हुई ?
16. ढाल विद्रोह किसके नेतृत्व में हुआ था ?
17. औद्योगिक अपशिष्ट से भारी धातुओं को हटाने की क्षमता किस सूक्ष्मजीव में होता है ?
18. यूरेनियम तथा थोरियम जैसे घातक तत्त्व को हटाने की क्षमता किस कवक में होती है ?

19. चिकित्सीय महत्त्व का अफ्रीकी मूल का वृक्ष कल्पतरू की संख्या झारखंड में कितनी है ?
20. झारखंड में मुख्यमंत्री विद्या लक्ष्मी योजना की शुरुआत किस वर्ष की गई ?

उत्तरमाला

1. 91.7 प्रतिशत, **2.** दुमका, **3.** भूमि सुधार, **4.** पेयजल, **5.** बंदना, **6.** 1770 ई. में, **7.** 10 जून–15 जून, **8.** राम नारायण सिंह, **9.** क्लीवलैंड, **10.** चैपमैन/हिवटले, **11.** 1946 ई., **12.** आठ, **13.** 1767 ई., **14.** 2004, **15.** सरायकेला–खरसावाँ, **16.** जगन्नाथ ढाल, **17.** स्यूडोमोनास प्यूटिडा तथा आर्थोबैक्टर बिस्कोसा, **18.** राइजोपस एराइजस, **19.** चार, **20.** 15 नवंबर, 2015

□

Set-30

1. राज्य में तालाब क्षेत्र कितने हेक्टेयर में हैं ?
2. लोकसभा द्वारा बिहार राज्य पुनर्गठन विधेयक 2000 को कब पारित किया गया ?
3. झारखंड में कुल कृषि भूमि का सिंचित क्षेत्र का प्रतिशत कितना है ?
4. राज्यसभा द्वारा बिहार राज्य पुनर्गठन विधेयक 2000 को कब पारित किया गया ?
5. राष्ट्रपति द्वारा बिहार राज्य पुनर्गठन विधेयक 2000 को कब स्वीकृति प्रदान की गई ?
6. झारखंड के पहले अंतरजातीय आदिवासी संगठन 'छोटानागपुर उन्नति समाज' की स्थापना कब हुई ?
7. भूमिज विद्रोह के नेता गंगा नारायण सिंह खरसवाँ के शासक के सैनिकों के हाथों मारे गए। इस शासक का क्या नाम था ?
8. छोटानागपुर में पृथक् राज्य की सर्वप्रथम शुरुआत किसने की ?
9. साइमन कमीशन के समक्ष पृथक् प्रशासी इकाई का प्रस्ताव किसने रखा ?
10. किसने स्वयं को राजा घोषित किया और ब्रिटिश सरकार, जमींदार को कर नहीं देने का आह्वान किया, लोगों पर लगान तय किए, उन्हें रसीद दी तथा लगान की वसूली करना शुरू कर दिया ?
11. मुंडा जनजाति के लोग अपने आपको क्या कहते हैं ?
12. खरवार आंदोलन झारखंड में किस वर्ष हुआ ?
13. मुंडा जनजातीय विवाह का वाचक क्या है ?
14. खरवार आंदोलन झारखंड के किस क्षेत्र में हुआ ?

15. हजारीबाग में भारत छोड़ो आंदोलन का श्रीगणेश कब हुआ था?
16. धाल विद्रोह कितने वर्षों तक चला था?
17. नागवंशी राजा ने सर्वप्रथम नवरत्न नामक पंचमंजिला भवन का निर्माण कहाँ करवाया था?
18. मनुष्य की सुनने की अधिकतम क्षमता कितनी होती है?
19. अंतर्राष्ट्रीय जैव विविधता दिवस कब मनाया जाता है?
20. ट्राई–नाईट्रो टॉल्यून नामक विस्फोटक को विघटित करने की क्षमता किस पौधे में होती है?

उत्तरमाला

1. 30093.99, **2.** दो अगस्त, 2000, **3.** 12.1 प्रतिशत, **4.** 11 अगस्त, 2000, **5.** 25 अगस्त, 2000, **6.** 1915 ई. में, **7.** चेतन सिंह, **8.** छोटानागपुर उन्नति समाज, **9.** बिशप वॉन हयूक एवं जूएल लकड़ा, **10.** भगीरथ माँझी, **11.** होरको, **12.** 1872 ई., **13.** अरंडी, **14.** संथाल परगना, **15.** 11 अगस्त, 1942, **16.** दस, **17.** दोयसा, **18.** 20000 हर्ट्ज, **19.** 22 मई, **20.** कैथरेंथस रोसियस (सदाबहार)

□

Set-31

1. किस विद्रोह के दमन हेतु लेफ्टिनेंट रुक एवं चार्ल्स मैगन को भेजा गया था ?
2. जगन्नाथ ढाल को अपदस्थकर अंग्रेजों ने किसे ढालभूम का राजा बनाया था ?
3. जगन्नाथ ढाल को अंग्रेजों द्वारा पुनः ढालभूम का राजा कब बनाया था ?
4. अंग्रेजों के विरुद्ध प्रथम विद्रोह झारखंड के किस क्षेत्र में हुए थे ?
5. दामोदर नदी का उद्‌गम कहाँ है ?
6. झारखंड के किस क्षेत्र के भूमिजों को चुआड़/चुआर कहा जाता था ?
7. वर्ष 2016 में झारखंड राज्य के मुख्य सूचना आयुक्त कौन हैं ?
8. मैथन डैम कब एवं किस नदी पर बना है ?
9. औरंगा एवं अमानत किसकी सहायक नदी है ?
10. झारखंड की अधिकांश जनजातियाँ किस मानव प्रजाति से संबंधित हैं ?
11. झारखंड में आरंगा नदी कहाँ से निकलती है ?
12. झारखंड में अमानत नदी कहाँ से निकलती है ?
13. झारखंड में राज्य में दुग्ध उत्पादन सहयोग समितियों की संख्या कितनी है ?
14. कोल विद्रोह में मुख्यतः कौन सी जनजाति थी ?
15. किस स्थान के पास 'मैगनोलिया पवॉइंट' स्थित है ?
16. सिंद राय, विंद राय तथा सुरगा का संबंध किस विद्रोह से है ?
17. किस मुगल सूबेदार के हाथों 1615 ई. में छोटानागपुर खास का नागवंशी शासक दुर्जनशाल गिरफ्तार हुआ और राजधानी दिल्ली भेजा गया ?
18. आदिम जाति सेवामंडल की स्थापना कब हुई थी ?

19. सी.एन.टी. एक्ट में काश्तकारों के वर्ग का वर्णन किस अध्याय में किया गया है ?
20. नेतरहाट विद्यालय, नेतहार किस जिला में स्थित है ?

उत्तरमाला

1. ढाल विद्रोह, **2.** नीमू ढाल, **3.** 1777 ई. में, **4.** सिंहभूम, **5.** छोटानागपुर का पठार, **6.** जंगल महाल, **7.** आदित्य स्वरूप, **8.** 1958 ई. में बराकर नदी पर, **9.** उतरी कोयल, **10.** प्रोटो आस्ट्रोलॉएड, **11.** राँची, **12.** हजारीबाग, **13.** 1601, **14.** हो, **15.** नेतरहाट, **16.** कोल विद्रोह, **17.** इब्राहिम खाँ, **18.** 1945 ई., **19.** अध्याय–2, **20.** लातेहार

□

Set-32

1. बुद्धू भगत के नेतृत्व में कोल विद्रोह किस वर्ष हुआ था ?
2. धनबाद जिले का कौन सा औद्योगिक शहर एक सघन औद्योगिक संकुल है, जहाँ 25 किलोमीटर के दायरे में 250 उद्योग स्थापित हैं ?
3. कोल विद्रोह का नेतृत्वकर्ता सुरगा मंडा कहाँ का रहनेवाला था ?
4. हूल झारखंड पार्टी का कार्य क्षेत्र झारखंड का कौन सा क्षेत्र था ?
5. किस मिशनरी को संथालों के बीच उत्कृष्ट कार्य करने के लिए आदरपूर्वक 'ए पोस्टल ऑफ संथाल्स' कहा जाता है ?
6. हूल झारखंड पार्टी का विभाजन कब हुआ था ?
7. पृथक् राज्य झारखंड हेतु सुनियोजित संघर्ष कब प्रारंभ हुआ ?
8. सरकारी स्तर पर पृथक् झारखंड हेतु सर्वप्रथम कार्रवाई कब की गई ?
9. पृथक् झारखंड हेतु सरकारी कार्रवाई का रूप क्या था ?
10. किस संगठन के द्वारा आदिवासी नामक पत्रिका का प्रकाशन हिंदी, अंग्रेजी, मुडारी एवं कुडुख में किया गया ?
11. किसान सभा का गठन कब हुआ ?
12. छोटानागपुर कैथोलिक सभा के प्रथम अध्यक्ष कौन थे ?
13. अंग्रेजों ने जालियाँवाला बाग की तर्ज पर झारखंड के किस स्थान पर गोलियाँ बरसाई थीं ?
14. छोटानागपुर कैथोलिक सभा के प्रथम महासचिव कौन थे ?
15. सी.एन.टी. एक्ट में लगान के बारे में साधारण उपबंध किस अध्याय में वर्णित है
16. झारखंड में सबसे निम्न साक्षरता वाला जिला कौन है ?
17. झारखंड में सबसे अधिक साक्षरता वाला जिला कौन है ?

18. ट्राईबल रिसर्च इंस्टीट्यूट, झारखंड कहाँ स्थित है ?
19. झारखंड पुलिस प्रशिक्षण केंद्र कहाँ स्थित है ?
20. केंद्रीय ईंधन अनुसंधान संस्थान, झारखंड में कहाँ स्थित है ?

उत्तरमाला

1. 1832 ई., **2.** चिरकुंडा, **3.** बंदगाँव, **4.** संथाल परगना, **5.** डॉ. एंड्रू कैंपबेल, **6.** 1970 ई. में, **7.** 1928 ई., **8.** 1928 ई., **9.** ज्ञापन, **10.** छोटानागपुर उन्नति समाज, **11.** 1931 ई., **12.** बोनिफस लकड़ा, **13.** डोंबरी पहाड़, **14.** इग्नेश बेक, **15.** अध्याय-9, **16.** पाकुड़, (48.82 प्रतिशत), **17.** राँची, (76.10 प्रतिशत), **18.** राँची, **19.** पदमा, हजारीबाग, **20.** जालगोड़ा, पश्चिम सिंहभूम

□

Set-33

1. किस वर्ष में भारतीय संसद् में झारखंड को अलग राज्य के रूप में बिहार पुनर्गठन का विधेयक पारित किया गया था?
2. झारखंड क्षेत्र स्वशासी परिषद् (जैक) के अध्यक्ष कौन मनोनीत किए गए थे?
3. मेजर रफसेज किसकी सहायता से सिंहभूम से निकल भागने में सफल हुआ था?
4. कोनार कुंड प्रोजेक्ट झारखंड के किस जिले में स्थित है?
5. कोल विद्रोह का प्रारंभ कब हुआ था?
6. किसको 'मुल्की (मातृभूमि की) लड़ाई' या मिल्की (जमीन की) लड़ाई' भी कहा जाता है?
7. सरदारी लड़ाई का विलय अंततः किसमें हो गया?
8. छोटानागपुर में विल्किंसन कानून कब लागू हुआ था?
9. तिलका माँझी के नाम पर किस विश्वविद्यालय का नाम रखा गया?
10. झारखंड में आदिवासियों के फूलों के त्योहार का नाम क्या है?
11. झारखंड में किस स्थान को 'सिटी ऑफ वाटर फॉल्स' कहा जाता है?
12. चेरो विद्रोह का नेतृत्व किसने किया था?
13. चेरो विद्रोह किस क्षेत्र में हुआ?
14. भारत के कुल कोयला उत्पादन का कितना भाग झारखंड में होता है?
15. संथालों में 'दीक्षा संस्कार' को किस नाम से जाना जाता है?
16. चेरो विद्रोह का दमन किसने किया?
17. भंडार एवं उत्पादन की दृष्टि से झारखंड का सर्वप्रथम कोयला केंद्र कहाँ है?
18. कैलापाल का जागीरदार सुबल सिंह, दामपाड़ा सरदार जगन्नाथ पातर

और धदका सरदार श्याम गंजम किस विद्रोह के मुख्य नेता थे ?

19. नेतरहाट विद्यालय, नेतरहाट, लातेहार की स्थापना कब हुई थी ?

20. नेतरहाट विद्यालय, नेतरहाट की स्थापना किसने की थी ?

उत्तरमाला

1. 2000, **2.** शिबू सोरेन, **3.** बाबू अजंबर सिंह, **4.** गिरिडीह, **5.** 1831, **6.** सरदारी लड़ाई, **7.** मुंडा उलगुलान, **8.** 1834, **9.** भागलपुर विश्वविद्यालय, **10.** सरहूल, **11.** राँची, **12.** भूषन सिंह, **13.** पलामू के जंगल में, **14.** एक-तिहाई, **15.** चाचो छठियार, **16.** कर्नल जोंस, **17.** झरिया, **18.** चुआड़ विद्रोह, **19.** 15 नवंबर, 1954, **20.** चार्ल्स नेपियर

□

Set-34

1. 1798 ई. में मानभूम, बड़ाभूम एवं पंचेत राज्य में हुए चुआड़ विद्रोह का नेतृत्वकर्ता कौन था?
2. सी.एन.टी. एक्ट में 'अधिकार उल्लेख और लगान का निर्धारण' का वर्णन किस अध्याय में किया गया है?
3. संथाल लोग देवी दुर्गा को किस नाम से पुकारते हैं?
4. तिलका आंदोलन की अवधि क्या थी?
5. जादूपेटिया शैली के चित्रकार को संथाली भाषा में क्या कहते हैं?
6. उराँव जनजाति की पंचायत को क्या कहा जाता है?
7. तिलका माँझी को पकड़वाने में किस पहाड़िया सरदार ने महत्त्वपूर्ण भूमिका निभाई थी?
8. मुंडा जनजाति के लोग अपनी जाति को दूसरे किस नाम से पुकारते हैं?
9. मुंडा जनजाति में ग्रामीण पुजारी को क्या कहा जाता है?
10. भागलपुर के जिस स्थल पर तिलका माँझी को फाँसी दी गई थी, वह स्थल आज किस नाम से जाना जाता है?
11. अंग्रेजी राज से मुक्ति कामना में कौन सा विद्रोह 11 सितंबर, 1831 ई. में सोनपुर परगना के कोचाई गाँव तथा तमाड़ के कुमांग गाँव में भड़का था?
12. मुंडा जनजाति में गोत्र को क्या कहा जाता है?
13. सफाहोड़ आंदोलन के जनक लाल बाबा ने आजाद हिंद फौज के तर्ज पर संथाल परगना में किस दल का गठन किया?
14. लाल बाबा ने सफाहोड़ी आंदोलनकारियों को कौन सा मंत्र दिया?
15. छोटानागपुर संथाल परगना स्वशासी विकास प्राधिकार का गठन कब किया गया था?

16. मुंडाओं के कान–छेदन संस्कार को किस नाम से जाना जाता है ?
17. झारखंड मुक्ति मोरचा की स्थापना किस शहर में हुई थी ?
18. झारखंड में नेशनल इंस्टीट्यूट ऑफ फाउंड्री ऐंड फोर्ज टेक्नॉलोजी किस जिला में स्थित है ?
19. भारत के कुल टंगस्टन भंडार का कितना प्रतिशत हजारीबाग जिला में पाया जाता है ?
20. झारखंड में भारतीय कृषि अनुसंधान संस्थान की स्थापना के लिए आधारशिला कहाँ रखी गई ?

उत्तरमाला

1. दुर्जन सिंह, **2.** अध्याय–12, **3.** जाहेर–एरा, **4.** 1783–85 ई., **5.** जादों, **6.** पचौरा, **7.** जाड़राह, **8.** होड़ो, **9.** डेहरी, **10.** तिलका माँझी चौक, **11.** कोल विद्रोह, **12.** किली, **13.** देशोद्धारक दल, **14.** राम नाम का, **15.** 1971 ई., **16.** तुकुई–लुतुर, **17.** धनबाद, **18.** राँची, **19.** 14 प्रतिशत, **20.** बरही, हजारीबाग

□

Set-35

1. झारखंड मुक्ति मोरचा के संस्थापक महासचिव कौन थे ?
2. झारखंड में कुल कितना प्रतिशत भूमि बंजर भूमि है ?
3. झारखंड मुक्ति मोरचा ने जंगल काटो अभियान किस वर्ष प्रारंभ किया था ?
4. झारखंड में पाटलिपुत्र मेडिकल कॉलेज एवं हॉस्पिटल किस जिले में है ?
5. ऑल झारखंड स्टूडेंट्स यूनियन (आजसू) का गठन कब हुआ था ?
6. ऑल झारखंड स्टूडेंट्स यूनियन (आजसू) का गठन किस स्थान पर हुआ था ?
7. आजसू का गठन किसके नेतृत्व में हुआ ?
8. झारखंड में बिरसा कृषि विश्वविद्यालय, राँची किस तरह की आपदा के लिए काम कर रही है ?
9. झारखंड में लिल्लोरी स्थान मंदिर किस देवी या देवता को समर्पित है ?
10. किस वर्ष रामगढ़, पलामू और छोटानागपुर खास को मिलाकर रामगढ़ जिले का गठन किया गया ?
11. झारखंड में हुंडरू जलप्रपात किस पठार में स्थित है ?
12. विधवा विवाह को मुंडा जनजाति में किस नाम से जाना जाता है ?
13. मुंडा जनजाति में पुरुषों द्वारा पहने जानेवाले वस्त्र को क्या कहते हैं ?
14. झारखंड में दक्षिणी कोयल नदी कहाँ से निकलती है ?
15. राज्य में राजकीय पशु चिकित्सालयों की संख्या कितनी है ?
16. दक्षिणी कोयल किसकी सहायक नदी है ?
17. झारखंड राज्य में आपदा विभाग का गठन कब किया गया था ?
18. हो जनजाति का पवित्र पेय क्या है ?

19. झारखंड में भारतीय प्रबंधन संस्थान कहाँ स्थित है ?
20. भारतीय प्रबंधन संस्थान, राँची की स्थापना कब हुई थी ?

उत्तरमाला

1. शिबू सोरेन, **2.** 4 प्रतिशत, **3.** 1978 ई., **4.** धनबाद, **5.** 22 जून, 1986, **6.** जमशेदपुर, **7.** सूर्य सिंह बेसरा, **8.** सूखा, **9.** काली, **10.** 1773 ई.पू., **11.** राँची पठार में, **12.** सगाई, **13.** बटोई एवं करैया, **14.** नगड़ी राँची, **15.** चार सौ चौबीस, **16.** कारो, **17.** अक्तूबर, 2004, **18.** इली, **19.** राँची, **20.** 6 जुलाई, 2010

□

Set-36

1. आई.एस.एम. धनबाद झारखंड में किस प्रकार की आपदा के लिए कार्य कर रहा है ?
2. झारखंड में सर्वाधिक ग्रीन हाउस का उत्सर्जन करनेवाला जिला कौन सा है ?
3. झारखंड सरकार द्वारा देवघर कावरिया पथ पर किस फूल के पौधे को लगाने का प्रस्ताव है ?
4. झारखंड में भाद्र महीने के शुक्ल पक्ष के 11वें दिन कौन सा त्योहार मनाया जाता है ?
5. झारखंड में घुमकुड़िया निम्नलिखित में से किससे संबंधित है ?
6. सरायकेला राज्य की स्थापना किसने की थी ?
7. सरायकेला राज्य का मुख्यालय कहाँ था ?
8. भारत का सबसे बड़ा उर्वरक कारखाना कहाँ है ?
9. सिकिदरी हाइड्रल प्रोजेक्ट किस प्रपात पर स्थित है ?
10. चेरो विद्रोह कब हुआ था ?
11. झारखंड अंतरिक्ष अनुप्रयोग केंद्र (JSAC) के वर्तमान निदेशक कौन हैं ?
12. झारखंड में किस प्रकार की मिट्टी कृषि के दृष्टिकोण से अच्छी नहीं होती ?
13. झारखंड में सर्वाधिक किस प्रकार का शैल समुद्र पाया जाता है ?
14. कौन सी मिट्टी सर्वाधिक उपजाऊ होती है ?
15. झारखंड की जलवायु कैसी है ?
16. झारखंड की जलवायु में कितने मौसम प्रचलित हैं ?

17. झारखंड में पंचायत प्रशिक्षण संस्थान किस जिला में है ?
18. वर्ष 2016 में झारखंड में ग्राम पंचायतों की संख्या कितनी है ?
19. भूईहरी जमीन का रजिस्टर तैयार करने का जिम्मा 15 अप्रैल, 1858 को किसे सौंपा गया था ?
20. केंद्रीय विश्वविद्यालय, झारखंड कहाँ स्थित है ?

उत्तरमाला

1. खनन आपदा, **2.** गिरिडीह, **3.** शिवलिंगम फूल, **4.** करमा, **5.** उराँव, **6.** विक्रम सिंह, **7.** सरायकेला, **8.** सिंदरी, **9.** हुंडरू, **10.** 1800, **11.** डॉ. सर्वेश सिंघल, **12.** लैटेराइट मिट्टी, **13.** आर्कियन शैल समूह, **14.** जलोढ़ मिट्टी, **15.** उष्णकटिबंधीय मानसूनी, **16.** शीत, ग्रीष्म व वर्षा, **17.** देवघर, **18.** 4423 पंचायत, **19.** लोकनाथ शाही, **20.** ब्राम्बे, राँची

□

Set-37

1. किस जनजाति में परिवार की गिनती चूल्हों की संख्या से होती है ?
2. बिरसा विद्रोह के समय राँची के उपायुक्त कौन थे ?
3. छोटानागपुर काश्तकारी अधिनियम कब लागू किया गया ?
4. किस आंदोलन की शुरुआत चिंगरी नावाटोली (गुमला) से हुई थी ?
5. किस आंदोलन में अहिंसा को संघर्ष के अमोघ अस्त्र के रूप में स्वीकार किया गया ?
6. मांडर क्षेत्र में टाना भगत आंदोलन का नेतृत्व किसने किया ?
7. घाघरा क्षेत्र में टाना भगत आंदोलन का नेतृत्व किसने किया ?
8. बौंक नृत्य किस जनजाति में प्रचलित है ?
9. विशुनपुर क्षेत्र में टाना भगत आंदोलन का नेतृत्व किसने किया ?
10. खरवार जनजाति का मूल स्थान क्या था ?
11. सबसे पहले बड़ाभूम एवं घाटशिला के चुआड़ों ने किस वर्ष विद्रोह किया ?
12. कौन प्रथम व्यक्ति थे, जिन्होंने झारखंड में राज्य निर्माण की प्रक्रिया शुरू की ?
13. किस विद्रोह के दमन हेतु लेफ्टिनेंट फोरबिस एवं ले. गुडयार को भेजा गया था ?
14. रिसा मुंडा ने किसे मुंडाओं का शासक चुना ?
15. एक नक्सली वारदात में किस स्थान पर बाबूलाल मरांडी के पुत्र अनूप मरांडी मारे गए थे ?
16. राज्य में कितने लाख क्यूबिक मीटर जल के रूप में है ?
17. झारखंड क्षेत्र स्वाशासी परिषद् (जैक) का गठन किस प्रधानमंत्री के

कार्यकाल में किया गया था?

18. राज्य में कितने लाख क्यूबिक मीटर जल भूमिगत जल के रूप में है?
19. झारखंड क्षेत्र स्वशासी परिषद् (जैक) एवं उसकी अंतरिम कार्यकारी परिषद् कब अस्तित्व में आई थी?
20. राज्य में कितने नदी बेसिन हैं?

उत्तरमाला

1. हो, **2.** रफसेज, **3.** 11 नवंबर, 1908 ई., **4.** टाना भगत, **5.** टाना भगत आंदोलन, **6.** शिबू भगत, **7.** बलराम भगत, **8.** हो, **9.** भिखू भगत, **10.** खेरीझार, **11.** 1769 ई. में, **12.** रिसा मुंडा, **13.** चुआड़ विद्रोह, **14.** सुतिया पाहन, **15.** खारी, **16.** 260162, **17.** पी.वी. नरसिम्हा राव, **18.** 49924, **19.** 9 अगस्त, 1995, **20.** सात

□

Set-38

1. ताँबा के उत्पादन में झारखंड का देश में क्या स्थान है ?
2. हिरनी जलप्रपात झारखंड के किस जिला में स्थित है ?
3. झारखंड का सबसे बड़ा चिड़ियाघर कहाँ स्थित है ?
4. ऑल झारखंड स्टूडेंट्स यूनियन (आजसू) के प्रथम अध्यक्ष कौन थे ?
5. विश्व विजेता बननेवाले झारखंड के प्रथम शतरंज खिलाड़ी का क्या नाम है ?
6. शीतकालीन में पूर्वी भाग का तापमान कितना सेल्सियस रहता है ?
7. ऑल झारखंड स्टूडेंट्स यूनियन (आजसू) गठन किस संगठन की तर्ज पर हुआ था ?
8. आजसू के किस नेता ने आंदोलन के कार्यक्रम की घोषणा में खून के बदले खून की रणनीति का प्रतिपादन किया था ?
9. आजसू का गठन किस पार्टी के छात्र संगठन के रूप में हुआ था ?
10. आजसू किस वर्ष झामुमो से अलग हुआ ?
11. झारखंड समन्वय समिति का गठन कब हुआ था ?
12. झारखंड समन्वय समिति का गठन कहाँ हुआ था ?
13. झारखंड की सर्वाधिक युद्धक जनजाति कौन है ?
14. गुमानी नदी कहाँ से निकलती है ?
15. गुमानी की सहायक नदी कौन है ?
16. झारखंड में वन भूमि कितने वर्ग किलोमीटर में है ?
17. दामोदर घाटी परियोजना की रूप-रेखा अमेरिका की किस योजना के आधार पर तैयार की गई है ?
18. 'मंदिरों का गाँव' किस स्थान को कहा जाता है ?

19. 'हनुमानजी' का जन्म स्थान झारखंड किस स्थान पर माना जाता है ?
20. पंचायती राज संस्था के लोगों को प्रशिक्षण देने के लिए 'केंद्रीय प्रशिक्षण संस्थान' झारखंड के किस जिले में स्थित है ?

उत्तरमाला

1. प्रथम, **2.** पश्चिमी सिंहभूम, **3.** बोकारो, **4.** प्रभाकर तिरकी, **5.** दीप सेन गुप्ता, **6.** 17–19 डिग्री सेल्सियस, **7.** असम छात्र संगठन (आसू), **8.** सूर्य सिंह बेसरा, **9.** झारखंड मुक्ति मोरचा, **10.** 1987 ई., **11.** 1987 ई., **12.** रामगढ़, **13.** खरवार, **14.** राजमहल की पहाड़ी, **15.** मेरेल, **16.** 23605, **17.** टेनेसी घाटी योजना, **18.** मलूटी, दुमका, **19.** अंजनधाम, गुमला, **20.** राँची

□

Set-39

1. खड़िया जनजाति के सबसे बड़े देवता सूर्य का क्या नाम है?
2. दामोदर घाटी परियोजना में कुल कितने बाँध हैं?
3. किस नदी पर स्वतंत्र भारत की प्रथम जल विद्युत् योजना बनाई गई?
4. दामोदर घाटी परियोजना किन राज्य की संयुक्त परियोजना है?
5. तिलैया बाँध कब एवं किस नदी पर बना?
6. कोनार बाँध कब एवं किस नदी पर बना?
7. मैथन बाँध कब एवं किस नदी पर बना?
8. डुँबारी (शैल रकब) पहाड़ी किस मुंडा सरदार से संबंधित है?
9. बोकारो बाँध किस नदी पर है?
10. पालकोट राजमहल किस नागवंशी राजा के कार्यकाल में बनवाया गया था?
11. मुख्य उत्पाद के अंतर्गत कौन सा वन उत्पाद आता है?
12. झारखंड के कौन से विधायक ने 18 फरवरी, 1924 को बिहार विधान परिषद् में खादी से संबंधित एक प्रस्ताव रखा था?
13. सिंहभूम में आदिवासियों ने विष्णु माहुरी के नेतृत्व में हाट कर न देने का आंदोलन कब चलाया?
14. महात्मा गांधी राष्ट्रीय आंदोलन के क्रम में प्रथम बार हजारीबाग कब आए?
15. 1925 ई. में हजारीबाग में महात्मा गांधी ने किस कॉलेज के छात्रों को संबोधित किया?
16. हजारीबाग में महात्मा गांधी को कितने रुपए की थैली भेंट की गई?
17. अगस्त, 1925 ई. में किसके आग्रह पर गांधीजी जमशेदपुर पहुँचे?

18. अखिल भारतीय खादी बोर्ड के अध्यक्ष जमनालाल बजाज द्वारा कहाँ के खादी मेला का शुभारंभ किया गया?
19. झारखंड में नॉलेज सिटी की स्थापना किस जिले में की जा रही है?
20. मुख्यमंत्री लक्ष्मी लाडली योजना की शुरुआत कब हुई है?

उत्तरमाला

1. बेड़ो, **2.** आठ, **3.** दामोदर, **4.** झारखंड–पश्चिम बंगाल, **5.** बराकर–1953, **6.** कोनार–1954, **7.** बराकर, 1958 में, **8.** बिरसा मुंडा, **9.** बोकारो, **10.** रघुनाथ शाह, **11.** लकड़ी, **12.** नीलकांत चटर्जी, **13.** 1924 ई., **14.** 1925 ई., **15.** संत कोलंबस कॉलेज, **16.** 1300 रुपए, **17.** सी.एफ. एंड्रूज, **18.** देवघर, **19.** खूँटी, **20.** 15 नवंबर, 2011

□

Set-40

1. राँची में किसके नेतृत्व में एक विशाल सभा का आयोजन किया गया और 'साइमन कमीशन वापस जाओ' नारे के साथ बहिष्कार करने का प्रस्ताव पास किया गया?
2. दिसंबर 1929 ई. में डॉ. पी.सी. मित्र तथा देवी नंदन लाल के नेतृत्व में हजारों झारखंडवासियों ने किसका काले झंडों से स्वागत किया?
3. किस संगठन द्वारा पृथक् छोटानागपुर राज्य के निर्माण हेतु 1929 ई. में साइमन कमीशन को साभार पत्र दिया गया?
4. बड़ाभूम के बड़ा बाजार को गंगा नारायण ने किस तिथि को लूटा था?
5. किसके खिलाफ गंगा नारायण ने भूमिजों को एक अभूतपूर्व नेतृत्व प्रदान किया?
6. 7 फरवरी, 1833 ई. को खरसाँवा के किस ठाकुर के खिलाफ लड़ते हुए गंगा नारायण सिंह मारा गया?
7. खड़िया जनजाति के लोग पहाड़ देवता को किस नाम से पुकारते हैं?
8. संथाल विद्रोह का प्रारंभ कब हुआ था?
9. संथाल विद्रोह को अन्य किस नाम से जाना जाता है?
10. अपनी ग्रामीण पंचायत को खड़िया जनजाति के लोग क्या कहते हैं?
11. संथाल विद्रोह का प्रारंभ किस स्थान से हुआ?
12. पोरहाट नरेश घनश्याम सिंह ने लार्ड हेस्टिंग्स की अधीनस्थ संधि पर किस वर्ष हस्ताक्षर किया और कंपनी की अधीनता स्वीकार कर ली?
13. 'अपना देश और अपना राज' का नारा किस विद्रोह के दौरान दिया गया?
14. महली जनजाति के सर्वोच्च देवता कौन हैं?

15. 'जमींदार, महाजन, पुलिस और सरकारी कर्मचारियों का नाश' किस विद्रोह का प्रमुख नारा बना?
16. संथाल विद्रोह से प्रभावित क्षेत्र कौन सा था?
17. भारत छोड़ो आंदोलन की सबसे अंतिम घटना झारखंड में कौन सी थी?
18. स्वतंत्रता आंदोलन के दौरान महात्मा गांधी झारखंड क्षेत्र में कितनी बार आए थे?
19. झारखंड आंदोलन का मुख्य कारण क्या था?
20. झारखंड आंदोलन का बीजारोपण कहाँ किया गया था?

उत्तरमाला

1. एस.के. सहाय, **2.** साइमन, **3.** छोटानागपुर उन्नति समाज, **4.** 1 मई, 1832 ई., **5.** माधव सिंह, **6.** चेतन सिंह, **7.** पाटदूबो, **8.** 1855 ई., **9.** हूल, **10.** दंदिया, **11.** भगनाडीह, **12.** 1820 ई., **13.** संथाल विद्रोह, **14.** सूरजी देवी, **15.** संथाल विद्रोह, **16.** संथाल परगना, **17.** 22 अगस्त 1943 को वाचस्पति त्रिपाठी की गिरफ्तारी, **18.** चार बार, **19.** आदिवासियों की जमीन एवं एक पहचान, **20.** ढाका

□

Set-41

1. मौलाना अबुल कलाम आजाद को नजरबंदी से कब मुक्त किया गया था ?
2. 1917 ई. में महात्मा गांधी मोतिहारी से चलकर राँची किससे मिलने आए थे ?
3. राँची में रौलट ऐक्ट और जालियाँवाला बाग हत्याकांड के आंदोलन का नेतृत्व किसने किया ?
4. झारखंड के कृष्ण वल्लभ सहाय को बिहार प्रांतीय स्वराज पार्टी में कौन सा पद प्रदान किया गया ?
5. झारखंड में कितने राष्ट्रीय उद्यम है ?
6. 1923 ई. के चुनाव में दक्षिण संथाल परगना निर्वाचन क्षेत्र से स्वराज पार्टी के प्रतिनिधि के रूप में कौन चुने गए ?
7. झारखंड में असहयोग आंदोलन के समय से ही चरखा आंदोलन चलाया जा रहा था। चाईबासा, जमेशदपुर, दुमका, जामताड़ा, देवघर, पाकुड़ आदि शहरों में खादी डिपो खोला गया था। इस काम में सर्वाधिक महत्त्वपूर्ण भूमिका किसकी रही ?
8. जवाहरलाल जैविक उद्यान झारखंड के किस जिले में स्थित है ?
9. 'झूम कृषि' सौरिया पहाड़िया जनजाति में किस नाम से जानी जाती है ?
10. स्वणरिखा घाटी परियोजना किस पंचवर्षीय योजना में शुरू की गई थी ?
11. झारखंड में आयुर्वेदिक अस्पतालों की संख्या कितनी है ?
12. झारखंड में सर्वाधिक जलप्रपात किस जिले में है ?
13. झारखंड का क्षेत्रफल कितना है ?
14. किस जनजाति में गोत्र की अवधारणा नहीं पाई जाती है ?

15. चेरो जनजाति अपने को किस ऋषि की वंशज मानती है ?
16. किसी भूमि के उपयोग में उसकी प्रकृति बदलने पर रैयत का उस भूमि पर अधिकार खत्म हो जाने का प्रावधान सी.एन.टी. ऐक्ट के किस धारा में है ?
17. मुंडारी खूँटक कट्टी भूमि के संबंध में भूवापसी का प्रावधान सी.एन. टी. ऐक्ट के किस धारा में है ?
18. भूईहरी भूमि राज्य में विशेषकर किस जनजाति समुदाय के पास ज्यादा है ?
19. बिहार शिड्यूल एरिया रेगुलेशन ऐक्ट किस वर्ष लागू हुआ था ?
20. सी.एन.टी. ऐक्ट, 1908 का ब्लू प्रिंट किसने तैयार की थी ?

उत्तरमाला

1. 27 दिसंबर, 1919 ई. में, **2.** ले. गवर्नर एडवर्ट गेट, **3.** गुलाब तिवारी, **4.** सचिव, **5.** एक, **6.** रामेश्वर लाल, **7.** सरला देवी, **8.** बोकारो, **9.** कुरवा, **10.** पाँचवीं, **11.** एक सौ दस, **12.** राँची में, **13.** 79,714 वर्ग कि.मी., **14.** सौरिया पहाड़िया, **15.** च्यवन ऋषि, **16.** धारा–21, **17.** धारा–242, **18.** उराँव, **19.** 1969 ई., **20.** जॉन एच. हॉफमैन

□

Set-42

1. 1770 ई. में सतबरवा के निकट चेतमा की लड़ाई में किस चेरो राजा को पराजित कर उसके विरोधियों ने उसकी हत्या कर दी ?
2. चेरो जनजाति की पंचायत क्या कहलाती है ?
3. झारखंड में कुल मान्य अनुसूचित जनजातियाँ कितनी हैं ?
4. किस जनजाति को 'हाथ से बने कपड़ों का जनक' कहा जाता है ?
5. अंग्रेजों के छोटानागपुर प्रवेश के समय यहाँ का राजा कौन था ?
6. कोड़ा जनजाति के लोग अपने गोत्र को क्या कहते हैं ?
7. तोपचाँची वन्य जीव अभयारण्य झारखंड के किस जिले में अवस्थित है ?
8. 1771 ई. में दर्पनाथ शाह ने अंग्रेजों के साथ मित्रता कर ली। वह पटना कौंसिल को कितने रुपए सालाना 'कर' देने को तैयार था ?
9. परहिया जनजाति द्वारा बनाए गए झोंपड़ीनुमा घर को क्या कहते हैं ?
10. परहिया जनजाति में 'पूर्वजों की पूजा' को किस नाम से जाना जाता है ?
11. हजारीबाग क्षेत्र में अंग्रेजी कंपनी को सर्वाधिक विरोध का सामना किस राज्य से करना पड़ा था ?
12. छोटानागपुर का पठार एक महाद्वीपी पठार है। दामोदर द्रोण निम्नलिखित में से किसके बीच द्रोण बनाता है ?
13. झारखंड की प्रथम संथाली फिल्म कौन सी है ?
14. झारखंड में अधिकांश लौह अयस्क किस प्रकार की चट्टानों में पाया जाता है ?
15. अजय नदी निम्नलिखित में से किस जगह निकलती है ?
16. बैगा जनजाति के सामूदायिक पंचायत का मुखिया क्या कहलाता है ?

17. स्वास्थ्य सेवाओं के संचालन के लिए स्वास्थ्य विभागों को कितने अंगों में बाँटा गया है ?
18. सी.एन.टी. ऐक्ट में कुल कितनी धाराएँ हैं ?
19. सी.एन.टी. ऐक्ट में कुल कितने अध्याय हैं ?
20. सी.एन.टी. ऐक्ट की धारा–71 में अनुसूचित जनजाति के भूमि के किस चीज का प्रावधान है ?

उत्तरमाला

1. जयकृष्ण राय, **2.** भैयारी, **3.** बत्तीस, **4.** चीक बड़ाईक, **5.** दर्पनाथ शाह, **6.** गुष्टी, **7.** धनबाद, **8.** 12,000 रुपए, **9.** झाला, **10.** मुआ पूजा, **11.** रामगढ़, **12.** राँची और हजारीबाग का पठार, **13.** मुख्य बाहा, **14.** धारवाड़, **15.** राजमहल की पहाड़ियाँ, **16.** मुकदम, **17.** सात, **18.** 271, **19.** उन्नीस, **20.** भूवापसी का प्रावधान

□

Set-43

1. झारखंड में कितने प्रतिशत वन हैं ?
2. राज्य में कितने मेडिकल कॉलेज हैं ?
3. कोल जनजाति को झारखंड की अनुसूचित जनजाति की मान्यता कब मिली ?
4. जिला अस्पतालों की संख्या कितनी है ?
5. गांधीजी ने चंपारण में कब सत्याग्रह किया ?
6. सुपर स्पेशियलिटी हॉस्पिटल कहाँ है ?
7. आकांक्षा कार्यक्रम किस विभाग से संबंधित योजना है ?
8. बोकारो इस्पात संयंत्र किसकी मदद से तैयार किया गया है ?
9. झारखंड में किस जनजाति का संबसे बड़ा त्योहार 'जात्रा' है ?
10. छउ नृत्य शैली का जन्मस्थान कहाँ माना जाता है ?
11. सैनिक पोशाक पहनकर कौन सा नृत्य किया जाता है ?
12. टुसूपर्व का संबंध किस देवता से है ?
13. ढालभूम के राजा को फर्गुसन की सेना द्वारा पराजित करने के बाद किसे ढालभूम का राजा बनाया गया ?
14. भूस्वामी द्वारा कोई रैयत को उसकी जोत से बिना उपायुक्त के आदेश के बेदखल नहीं किया जा सकेगा का प्रावधान एस.पी.टी. ऐक्ट के किस धारा में वर्णित है ?
15. किसी रैयत के किसी जोत पर अधिकार का हस्तांतरण, खेवट खतियान में हस्तांतरण के उल्लेख रहने पर मान्य होगा, एस.पी.टी. ऐक्ट के किस धारा में वर्णित है ?
16. एस.पी.टी. ऐक्ट की धारा–23 किस चीज की व्याख्या करता है ?

17. एस.पी.टी. ऐक्ट की धारा-24 से किसी रैयती जोत का बिक्री, दान, वसीयत या बदलैन हेतु किया जानेवाला निबंधन किसके पास किया जाएगा ?
18. कोई मूल रैयत या ग्राम प्रधान बिना उपायुक्त की अनुमति से अपने साथ या किसी मूल रैयत के साथ कोई बंजर भूमि या खाली जोत बंदोबस्त नहीं करेगा, का प्रावधान एस.पी.टी. ऐक्ट के किस धारा में वर्णित है ?
19. किसी पहाड़िया गाँव में किसी बंजर भूमि या रिक्त जोत किसी गैर-पहाड़िया के साथ बंदोबस्त नहीं किया जाएगा, एस.पी.टी. ऐक्ट की कौन सी धारा में वर्णित है ?
20. एस.पी.टी. अधिनियम की धारा-53 में किस चीज का वर्णन है ?

उत्तरमाला

1. 29.61 प्रतिशत, **2.** तीन, **3.** 2003 ई., **4.** इक्कीस, **5.** 1917, **6.** राँची, **7.** स्कूली शिक्षा एवं साक्षरता विभाग, **8.** रूस, **9.** उराँव, **10.** सरायकेला, **11.** पाइका, **12.** सूर्य, **13.** जगन्नाथ ढाल, **14.** धारा-14, **15.** धारा-20, **16.** रैयती भूमि का बदलैन, **17.** भूस्वामी, **18.** धारा-29, **19.** धारा-41, **20.** नियमबद्ध परियोजनों के लिए भूस्वामी द्वारा भूमि का अर्जन

□

Set-44

1. पंवड़िया नृत्य किस अवसर पर किया जाता है ?
2. रामगढ़ के राजा की मूल राजधानी क्या थी ?
3. संथालों के प्रेम और विवाह विषयक गीत को क्या कहा जाता है ?
4. कोल्हान गवर्नमेंट इस्टेट का गठन कब किया गया ?
5. अंग्रेजों ने संथाल विद्रोहियों से बचने के लिए पाकुड़ में किस टावर का निर्माण कराया था ?
6. संथाल विद्रोह के दौरान विद्रोहियों ने पाकुड़ की किस रानी से सहायता माँगी थी ?
7. मुंडाओं के आखेट विषयक लोकगीत को क्या कहा जाता है ?
8. वीरभूम में संथाल विद्रोह का नेतृत्व किसने किया ?
9. संथाल विद्रोह का दमन किसने किया ?
10. संख्या की दृष्टि से झारखंड की सबसे बड़ी जनजाति कौन है ?
11. हैरो तथा नोमनामा लोकगीत का संबंध किस जनजाति से है ?
12. झंझाइन गीत किस अवसर पर गाया जाता है ?
13. झारखंड में विद्युत् नियामक आयोग का गठन कब किया गया था ?
14. झारखंड में न्यूनतम जनजातीय आबादी वाला जिला कौन सा है ?
15. किस वाद्ययंत्र को झारखंडी वायलिन के नाम से जाना जाता है ?
16. झारखंड का राजकीय दिवस कौन सा है ?
17. मुंडारी ग्रामर के लेखक कौन थे ?
18. एस.पी.टी. ऐक्ट में किसी खास ग्राम के प्रधान की नियुक्ति करने का अधिकार किसे है ?
19. ग्राम प्रधान को पदांतरण का किसी प्रकार का अधिकार नहीं होगा, यह प्रावधान एस.पी.टी. ऐक्ट का कौन सी धारा में है ?

20. कोई जमीन जो खेवट खतियान (अधिकार अभिलेख) में दर्ज न हो, मूल रैयत की निजी जोत या सरकारी जोत के रूप में मानी नहीं जाएगी, उसका वर्णन एस.पी.टी. ऐक्ट के किस धारा में किया गया है ?

उत्तरमाला

1. जन्मोत्सव, **2.** रामगढ़, **3.** दोड, **4.** 1837 ई., **5.** मार्टिलो टावर, **6.** क्षेमा सुंदरी, **7.** जपी, **8.** गोरा माँझी, **9.** जनरल लॉयड, **10.** संथाल, **11.** हो, **12.** जन्मोत्सव, **13.** अगस्त 2002, **14.** धनबाद, **15.** केंदरी, **16.** 15 नवंबर, **17.** ए. नोट्रोट्ट, **18.** उपायुक्त (धारा-5), **19.** धारा-9, **20.** धारा-10

□

Set-45

1. झारखंड में राज्यसभा हेतु सदस्य संख्या कितनी है?
2. 'शहीदों का नगर' किसे कहा जाता है?
3. झारखंड का क्षेत्रफल भारत के कुल क्षेत्रफल का कितना प्रतिशत है?
4. बाइबल का नागपुरी में अनुवाद किसने किया था?
5. शाहाबाद के किस क्रांतिकारी का पदार्पण खरौंधी (पलामू) में हुआ था?
6. राज्य सरकार का जन संपर्क अधिकारी (Public Relation Officer-Pro) कौन होता है?
7. 1857 के विद्रोह के समय किस नायक पर इनाम था?
8. 1857 के विद्रोह के समय अंग्रेजी फौज को रोकने के लिए कहाँ का मार्ग शेख भिखारी ने अवरुद्ध किया था?
9. संथाल परगना प्रमंडल का मुख्यालय कहाँ स्थित है?
10. सिद्धू-कान्हू विश्वविद्यालय कहाँ स्थित है?
11. झारखंड में कौन सा जिला बीड़ी निर्माण के लिए प्रसिद्ध है?
12. झारखंड कमिश्नरी कब बनाई गई?
13. मुंडा जनजाति में तलाक को क्या कहा जाता है?
14. सोन नदी झारखंड के किस जिले में सर्वप्रथम प्रवेश करती है?
15. उतरी कोयल किसकी सहायक नदी है?
16. उतरी कोयल नदी कहाँ से निकलती है?
17. उपायुक्त के कुछ आदेशों के विरुद्ध आयुक्त कोर्ट में अपील करने का प्रावधान सी.एन.टी. ऐक्ट के किस धारा में है?
18. मुंडारी खूँट कट्टीदारी काश्तकारियों के अंतरन पर प्रतिबंध का वर्णन सी.एन.टी. ऐक्ट के किस धारा में है?

19. राज्य सरकार अधिसूचना द्वारा संथाल परगना प्रमंडल के किसी भी भाग से एस.पी.टी. ऐक्ट या इसके किसी भाग को वापस ले सकती है या उस क्षेत्र में लागू कर सकती है, एस.पी.टी. ऐक्ट की कौन सी धारा प्राधिकृत करती है ?

20. एस.पी.टी. ऐक्ट में कोई गाँव जहाँ न तो मूल रैयत हो, न उस समय के लिए कोई ग्राम प्रधान हो, किस नाम से जाना जाता है ?

उत्तरमाला

1. छह, **2.** राँची, **3.** 2.42 प्रतिशत, **4.** पी. ईड्नेस, **5.** बाबू अमर सिंह, **6.** मुख्य सचिव, **7.** पोराहाट के राजा अर्जुन सिंह, **8.** चुटूपालू घाटी, **9.** दुमका, **10.** दुमका, **11.** पाकुड़, **12.** 1854, **13.** साकमचारी, **14.** गढवा, **15.** सोन, **16.** पिस्का राँची, **17.** धारा-215, **18.** धारा-240, **19.** धारा-2, **20.** खास ग्राम

□

Set-46

1. 'ईदी मी' (ईदी-ताई-मा) विवाह की अनोखी विधि का संबंध किस जनजाति से है ?
2. सर्वाधिक महिला साक्षरतावाला जिला कौन है ?
3. किस वर्ष हो लोगों ने आत्मसमर्पण किया और सीधा कंपनी को कर देने के लिए तैयार हुए ?
4. संथाल जनजाति की महिलाओं को किस जगह जाना निषेध है ?
5. किस जनजाति में महिलाओं का धान बोना निषेध है ?
6. किस जनजाति में गाँव की विवाहित बेटियों को सरहूल प्रसाद लेना निषेध है ?
7. संथाल में मुर्मू का गोत्र-चिह्न क्या है ?
8. ईस्ट इंडिया कंपनी को दीवानी प्राप्त होने के कितने वर्षों के पश्चात् कोल्हान क्षेत्र पर अंग्रेजों का आधिपत्य स्थापित हो सका ?
9. झारखंड का तुरुणडीह किसलिए प्रसिद्ध है ?
10. संथाल में हेम्ब्रम का गोत्र-चिह्न क्या है ?
11. जमशेदपुर की स्थापना किसने की ?
12. पलामू पर अंग्रेजी आधिपत्य कब स्थापित हुआ ?
13. किस जनजाति का गोत्र-चिह्न लकड़ी खोदने वाला पक्षी है ?
14. सदानों की गाँव की पहचान किससे होती है ?
15. आकाशवाणी राँची की स्थापना कब हुई थी ?
16. राज्य सरकार किसी राजस्व अधिकारी द्वारा सर्वेक्षण करने को आदेश दे सकेगी, सी.एन.टी. ऐक्ट की किस धारा में वर्णित है ?
17. सी.एन.टी. ऐक्ट की धारा-113 से वस्तुरूपी लगान भूमि संबंधी शर्त

है या लगान का वस्तु रूप है ? इसका निर्णय कौन करेगा ?

18. राजस्व अधिकारी के द्वारा भूस्वामी की विशेषाधिकारयुक्त भूमि होने या न होने का निर्णय सी.एन.टी. ऐक्ट की किस धारा में वर्णित है ?

19. उपायुक्त द्वारा संज्ञेय विषयों की न्यायिक प्रक्रिया का वर्णन सी.एन.टी. ऐक्ट के किस अध्याय में है ?

20. कोई भूमि अगर एक से अधिक जिले या अनुमंडल में स्थित हो तो उसके बाद की सुनवाई उस भूमि के ज्यादा हिस्से वाले जिले या अनुमंडल के अंदर किया जाएगा, इसका प्रावधान सी.एन.टी. ऐक्ट के किस धारा में है ?

उत्तरमाला

1. असुर, **2.** राँची, **3.** 1837 ई., **4.** माँझीथान, **5.** मुंडा, **6.** मुंडा, **7.** नीलगाय, **8.** 72 वर्ष, **9.** सोने की खान, **10.** पान पत्ता, **11.** जमशेदजी नौशेरवानजी टाटा, **12.** 1771-72 ई., **13.** टोप्पो, **14.** अखड़ा, **15.** जुलाई 1957, **16.** धारा-80, **17.** राजस्व अधिकारी, **18.** धारा-121, **19.** अध्याय-16, **20.** धारा-138

□

Set-47

1. किस विद्रोह का केंद्र बिंदु वनचरीजोर (भागलपुर) था?
2. भारत की पहली बहूद्देशीय नदी घाटी परियोजना कौन सी है?
3. सिंहभूम के सिंह वंश की पहली शाखा (8वीं सदी ई. के आरंभ में स्थापित) के संस्थापक का क्या नाम था?
4. तिलका माँझी ने कहाँ की पहाड़ियों से छापामार युद्ध का नेतृत्व किया?
5. सिंहभूम के सिंह वंश की दूसरी शाखा (1205 ई. में स्थापित) के संस्थापक का क्या नाम था?
6. किस विद्रोह का स्वरूप गुरिल्ला युद्ध था?
7. सिंहभूम के किस सिंहवंशी शासक ने पोरहाट के नाम से नई राजधानी की स्थापना की?
8. झारखंड का प्रथम डिग्री कॉलेज कौन था?
9. झारखंड में कुल कितने नदी बेसिन हैं?
10. झारखंड के अधिकांश खनिज पदार्थ किस प्रकार के शैल में मिलते हैं?
11. बरमजदा समूह क्या है?
12. सदनी घाघ जलप्रपात किस नदी पर है?
13. संथालों के धर्म का आधार क्या है?
14. झारखंड में नीलांबर पीतांबर विश्वविद्यालय कहाँ खोला गया है?
15. सी.एन.टी. ऐक्ट में धारा-58 में किसी रैयत के किसी वर्ष में लगान का भुगतान नहीं होने पर अधिक-से-अधिक कितने प्रतिशत साधारण ब्याज का प्रावधान है?
16. देय लगान का वस्तु रूप से मुद्रा रूप में रूपांतरण सी.एन.टी. ऐक्ट की कौन सी धारा में वर्णित है?
17. राज्य सरकार द्वारा बंजर भूमि का बंदोबस्त विहित रूप में पट्टे द्वारा

किया जाएगा सी.एन.टी. ऐक्ट की किस धारा में इसका प्रावधान है ?

18. सी.एन.टी. ऐक्ट के धारा-64 से किसी गाँव के कृषक या भूमिहीन श्रमिक को किसकी आज्ञा से भूमि को कोरकर में बदलने का अधिकार है ?

19. किसी भी काश्तकार को किसी आदेश या उपायुक्त के आदेश के सिवा उसकी काश्तकारी से बेदखल नहीं किया जाएगा, सी.एन.टी. ऐक्ट की किस धारा में वर्णित है ?

20. कोई काश्तकार बेदखल होने की स्थिति में बेदखली की तारीख से कितने समय आगे तक उपायुक्त के सम्मुख आवेदन दे सकता है ?

उत्तरमाला

1. तिलका विद्रोह, **2.** दामोदर घाटी परियोजना, **3.** काशीनाथ सिंह, **4.** सुल्तानगंज, **5.** दर्प नारायण सिंह, **6.** तिलका विद्रोह, **7.** काशी राम सिंह, **8.** संत जेवियर कॉलेज, **9.** सात, **10.** आर्कियन, **11.** लौह अयस्क क्षेत्र, **12.** शंख, **13.** आत्मवाद, **14.** पलामू, **15.** 6.25 प्रतिशत वार्षिक, **16.** धारा-61, **17.** धारा-61(क), **18.** उपायुक्त, **19.** धारा-68, **20.** एक वर्ष (धारा-71)

□

Set-48

1. झारखंड में बासुकीनाथ किस जिले में स्थित है ?
2. झारखंड में छिन्नमस्तिका मंदिर कहाँ स्थित है ?
3. हेमेंद्र नाथ घोष, जो क्रांतिकारियों को धन मुहैया कराते थे, कहाँ के रहनेवाले थे ?
4. संत जेवियर कॉलेज की स्थापना कब हुई थी ?
5. चाईबासा से प्रकाशित क्रांतिकारी पत्रिका 'तरुण शक्ति' का संपादक कौन था ?
6. संत जेवियर कॉलेज की स्थापना किस मिशन द्वारा की गई है ?
7. मौलाना अबुल कलाम आजाद को राँची में कहाँ रखा गया था ?
8. झारखंड में सर्वप्रथम किस विश्वविद्यालय की स्थापना हुई ?
9. 1782 ई. में हुए तमाड़ विद्रोह को दबाने में किस अंग्रेज अधिकारी ने मुख्य भूमिका निभाई ?
10. राँची विश्वविद्यालय की स्थापना कब हुई ?
11. 1797 ई. में हुए तमाड़ विद्रोह का नेतृत्व किसने किया ?
12. झारखंड में रबी फसल के रूप में सबसे बड़ा उत्पादन किस फसल का होता है ?
13. तिलका माँझी ने कब आंदोलन शुरू किया था ?
14. तिलका आंदोलन में स्वायत्तता क्षेत्र कौन सा था ?
15. तिलका माँझी द्वारा गाँव में विद्रोह का संदेश किस माध्यम से भेजा जाता था ?
16. टाना भगत असहयोग आंदोलन में भाग लेकर कौन पहली बार स्वतंत्रता आंदोलन में शामिल हुए ?
17. केंद्रीय मनोचिकित्सा संस्थान की स्थापना कब हुई थी ?

18. अंग्रेज मेजर नेशन लोहरदगा के ककरंग घाट जंगल में ठाकुर विश्वनाथ शाहदेव और पांडेय गणपत राय को गिरफ्तार करने में कब सफल हुआ ?

19. भूईहरी भूधृति के अंतरन पर प्रतिबंध सी.एन.टी. ऐक्ट की किस धारा में वर्णित है ?

20. उद्योग एवं खनिज हेतु जोतों का अंतरन का प्रावधान सी.एन.टी. ऐक्ट की कौन सी धारा में वर्णित है ?

उत्तरमाला

1. दुमका, **2.** रजरप्पा, **3.** दुमका, **4.** 07 जुलाई, 1944, **5.** आनंद कमल चक्रवर्ती, **6.** रोमन कैथोलिक मिशन, **7.** मोरहाबादी में, **8.** राँची विश्वविद्यालय, **9.** जेम्स क्रॉफर्ड, **10.** 1960 ई., **11.** विष्णु मानकी, **12.** गेहूँ, **13.** 1783 ई., **14.** संथाल परगना, **15.** सखुआ (साल) के पत्तों से, **16.** सिद्धू भगत, **17.** 1918 ई., **18.** 30 मार्च, 1858 ई., **19.** धारा–48, **20.** धारा–49

□

Set-49

1. राज्य लोक सेवा आयोग के अध्यक्ष को उसके पद से हटाने का अधिकार किसे है ?
2. ठाकुर विश्वनाथ शाहदेव और पांडेय गणपत राय को अप्रैल 1858 ई. में कहाँ फाँसी दी गई ?
3. 32 इनफैंट्री रेजीमेंट का मुख्यालय झारखंड में किस स्थान पर था ?
4. रोहिणी ग्राम स्थित देशी स्थल सेना की 32वीं इनफैंट्री रेजीमेंट किसके कमान में थी ?
5. हजारीबाग में विद्रोहियों का नेता कौन था ?
6. 1857 के विद्रोह के दौरान मेजर इंगलिश तथा जयमंगल पांडेय एवं नादिर अली खाँ के बीच चतरा में ऐतिहासिक युद्ध कब हुआ था ?
7. पाटलिपुत्र चिकित्सा महाविद्यालय झारखंड में कहाँ स्थित है ?
8. 'प्रिंस ऑफ छोटानागपुर स्टेज' किन्हें कहा जाता है ?
9. झारखंड पार्टी ने प्रथम बार चुनाव में भाग कब लिया था ?
10. झारखंड के किस स्थल को 'सूर्योदय एवं सूर्यास्त का सौंदर्य स्थल' कहा जाता है ?
11. वर्ष 1952 में अखंड बिहार के प्रथम विधानसभा चुनाव में झारखंड पार्टी को कितनी सीटें प्राप्त हुईं ?
12. किस आंदोलन में जर्मन बाबा के गीत गाकर उनके समर्थक उन्हें आह्वान करते थे ?
13. सी.एन.टी. ऐक्ट में काश्तकारों के वर्ग के बारे में किस अध्याय में बताया गया है ?
14. सी.एन.टी. ऐक्ट से वह रैयत जिसे उस भूमि पर जो उसके पूर्वज के द्वारा या ग्राम के मूल प्रवर्तक के द्वारा जंगल से कृषि योग्य बनाई गई

है, पर अधिकार हो, क्या कहलाता है ?

15. सी.एन.टी. ऐक्ट में वह मुंडारी जिसने स्वयं या अपने पूर्वज द्वारा जंगल भूमि के भागों को जोत में लाने के लिए अधिकार अर्जित किया है, क्या कहलाता है ?

16. किसी भूधारक को उसकी भूधृति पर खनिजों की स्थिति होने पर पुनः ग्रहण पाने का कोई अधिकार नहीं हो, सी.एन.टी. ऐक्ट की किस धारा में वर्णित है ?

17. सी.एन.टी. ऐक्ट में भूईहरों तथा मुंडारी खूँट कट्टीदारों बंदोबस्त रैयत होने का प्रावधान किस धारा में है ?

18. अधिभोगी रैयत का दिए गए प्रावधानों के अलावा बेदखली से संरक्षण का प्रावधान सी.एन.टी. ऐक्ट में किस धारा में है ?

19. प्रत्येक रैयत को अपने भूस्वामी से एक पट्टा प्राप्त करने का अधिकार होगा, सी.एन.टी. ऐक्ट की कौन सी धारा रैयत को यह अधिकार देती है ?

20. सी.एन.टी. ऐक्ट की धारा-46 किसी अनुसूचित जनजाति के रैयत की जमीन उसी थाना क्षेत्र में रहनेवाले किसी दूसरे अनुसूचित जनजाति के व्यक्ति को किसके पूर्वानुमति से अंतरित किया जा सकता है ?

उत्तरमाला

1. राष्ट्रपति, **2.** राँची जिला स्कूल के द्वार पर, **3.** रोहिणी, **4.** मैकडोनाल्ड, **5.** सुरेंद्र शाही, **6.** 2 अक्तूबर, 1857, **7.** धनबाद, **8.** मुकुंद नायक, **9.** 1952 ई., **10.** नेतरहाट, **11.** तैंतीस, **12.** टाना भगत आंदोलन, **13.** अध्याय-2, **14.** खूँट कट्टी अधिकारयुक्त रैयत, **15.** मुंडारी खूँट कट्टीदार, **16.** धारा-14 (ख), **17.** धारा-18, **18.** धारा-22, **19.** धारा-44, **20.** उपायुक्त

□

Set-50

1. मुख्यमंत्री व्यक्तिगत रूप से किसके प्रति उत्तरदायी होता है ?
2. राँची जिला में टाना भगत पुनर्वास अधिनियम कब पारित हुआ ?
3. मुख्यमंत्री सामूहिक रूप से किसके प्रति उत्तरदायी होता है ?
4. झारखंड पार्टी द्वारा राज्य पुनर्गठन आयोग से कितने जिलों के झारखंड की माँग की गई थी ?
5. किस जिले का पुराना नाम पलाउन है ?
6. सरायकेला स्वतंत्र राज्य की स्थापना किसने की थी ?
7. किसका पुराना नाम बैजनाथ मठ है ?
8. जयपाल सिंह के नेतृत्ववाली झारखंड पार्टी का कांग्रेस में किस वर्ष विलय हुआ था ?
9. झारखंड पार्टी का कांग्रेस में विलय बिहार के किस तत्कालीन मुख्यमंत्री की पहल पर हुआ था ?
10. झारखंड में कितने लाख हेक्टेयर भूमि में नकदी फसलें उगाई जाती हैं ?
11. झारखंड में कितने प्रतिशत जनसंख्या कृषि पर निर्भर है ?
12. छोटानागपुर का पठार किसका भाग है ?
13. राज्य में कुल जल संसाधन कितने मिलियन घन मीटर अनुमानित है ?
14. छोटानागपुर का पठार प्रायद्वीपीय पठार के किस भाग में स्थित है ?
15. किस नदी बेसिन का जल सर्वाधिक प्रदूषित है ?
16. छोटानागपुर के पठार की चट्टानें कैसी हैं ?
17. छोटानागपुर के पठार की रचना किस चट्टान से हुई है ?
18. वैसी कौन सी भूमि है, जो सी.एन.टी. ऐक्ट में परिवार के नर वारिस न होने पर रैयत के मरने के बाद भूस्वामी को वापस मिल जाती है ?

19. सी.एन.टी. ऐक्ट में वह भूमि जो स्थानीय रूप से बहवाला, खंडवत थी, जिसे धान की खेती के लिए चौरस किया गया हो क्या कहलाती है?

20. 1798 ई. में बंगाल, बिहार और उड़ीसा में किया गया बंदोबस्त क्या कहलाता है?

उत्तरमाला

1. राज्यपाल के, **2.** 1948 ई., **3.** विधानसभा के, **4.** सोलह, **5.** पलामू, **6.** विक्रम सिंह, **7.** वैद्यनाथ धाम, **8.** 1963 ई., **9.** विनोदानंद झा, **10.** 2 लाख, **11.** 76, **12.** प्रायद्वीपीय पठार, **13.** 28.781, **14.** उत्तर-पूर्वी, **15.** दामोदर, **16.** क्रिस्टलीय एवं कायांतरित, **17.** लावा चट्टान, **18.** पुनःग्राह्य भूधृति, **19.** कोरकर, **20.** स्थायी बंदोबस्त

□□□